Livro
Digital
etc.

Fábio Flatschart

Livro
Digital
etc.

Copyright© 2014 por Brasport Livros e Multimídia Ltda.
Todos os direitos reservados. Nenhuma parte deste livro poderá ser reproduzida, sob qualquer meio, especialmente em fotocópia (xerox), sem a permissão, por escrito, da Editora.

Editor: Sergio Martins de Oliveira
Diretora: Rosa Maria Oliveira de Queiroz
Gerente de Produção Editorial: Marina dos Anjos Martins de Oliveira
Revisão: Maria Helena dos Anjos Martins Oliveira
Editoração Eletrônica: SBNigri Artes e Textos Ltda.
Capa: Fabio Lody
Foto autor: Cibele Rossi de Almeida
Arte final: Paulo Vermelho

Técnica e muita atenção foram empregadas na produção deste livro. Porém, erros de digitação e/ou impressão podem ocorrer. Qualquer dúvida, inclusive de conceito, solicitamos enviar mensagem para editorial@brasport.com.br, para que nossa equipe, juntamente com o autor, possa esclarecer. A Brasport e o(s) autor(es) não assumem qualquer responsabilidade por eventuais danos ou perdas a pessoas ou bens, originados do uso deste livro.

F569l   Flatschart, Fabio

    Livro digital, etc. / Fabio Flatschart. – Rio de Janeiro: Brasport, 2014.

ISBN: 978-85-7452-639-3

1. Livro Digital 2. Livros eletrônicos I. Flatschart, Fabio II. Título

CDD: 070.5

Ficha catalográfica elaborada por bibliotecário – CRB 76355

BRASPORT Livros e Multimídia Ltda.
Rua Pardal Mallet, 23 – Tijuca
20270-280   Rio de Janeiro-RJ
Tels. Fax: (21) 2568.1415/2568.1507
e-mails: marketing@brasport.com.br
            vendas@brasport.com.br
            editorial@brasport.com.br
site: www.brasport.com.br

Filial
Av. Paulista, 807 – conj. 915
01311-100 – São Paulo-SP
Tel. Fax: (11) 3287.1752
e-mail: filialsp@brasport.com.br

Agradecimentos

O ato de escrever e de colocar as ideias no editor de texto pode ser solitário e introspectivo, mas todo o processo, da concepção até o lançamento de um livro, depende da colaboração de uma grande equipe. É para essas pessoas que vão os meus sinceros agradecimentos.

Ao Sérgio, pelo apoio incondicional aos meus projetos, à Rosa e à Marina, pela paciência na edição e na orientação da produção, e à toda equipe da Editora Brasport no Rio de Janeiro e em São Paulo.

Aos amigos do mercado editorial, Gabriela Dias, Greg Hondana, Guilherme Kroll e Lorena Vicini, que me abriram novos caminhos na interseção do livro com a web.

Ao José Fernando Tavares da Simplíssimo, amigo e parceiro em muitos projetos.

Ao Tiago Baeta e a toda equipe do iMasters que apoia meus projetos com a Brasport.

À Cibele Rossi de Almeida, pelas fotos.

Ao Arthur e à Edivania, por estarem sempre do meu lado.

iMasters

O iMasters[1] é a maior comunidade de profissionais de TI, desenvolvimento e criatividade digital do Brasil, com cerca de trezentos mil profissionais, com produção diária de conteúdo 100% gratuito. Possui um banco de dados que já conta com mais de doze mil matérias técnicas, cinquenta mil contribuições de leitores e dois milhões de mensagens postadas nos Fóruns iMasters.

No ar desde 2001, o iMasters recebe cerca de dois milhões de visitantes únicos mensais e mantém uma revista impressa de referência para profissionais de internet. Mensalmente realiza também o 7Masters, encontro de sete mestres de uma determinada tecnologia, além de possuir um laboratório que é o ponto de encontro de diversas comunidades de profissionais em São Paulo.

---

1 http://imasters.com.br

O iMasters também organiza o congresso anual "iMasters InterCon", referência no mercado de web no Brasil desde 2003, e mais de cem atividades presenciais por ano, entre congressos, cafés da manhã, grupos de estudo e encontros especiais.

Prefácio

Quando fui convidada para escrever este prefácio, confesso que fiquei receosa. Afinal, este livro tem missão ingrata: alinhavar os diversos assuntos relevantes para o universo do livro digital em um texto a um só tempo acessível e atual, que não envelhece rápido. Taí uma proeza que não é para qualquer um!

Como minha experiência com o autor era muito positiva, resolvi aceitar. E não me arrependi.

Nesta obra pioneira no mercado brasileiro, Fábio atinge o delicado equilíbrio entre o informativo e o técnico, o permanente e o efêmero. Ele explica o que alguém precisa saber para se situar no mundo do e-book: de sua história a perspectivas recentes, passando por aspectos práticos como formatos e dispositivos de leitura, além de fluxos e ferramentas de produção.

Com os capítulos do empreendedor Greg Bateman e do editor Guilherme Kroll na parte de "Modelos de Negócios", Fábio pratica um mandamento básico de quem atua no mundo digital: colaboração é tudo. Não é à toa que os capítulos seguintes falam de tendências coletivas, como *crowdwriting* e livros wiki.

A obra tem outra qualidade essencial para a realidade brasileira, onde a desinformação sobre o livro digital ainda é grande. Sua abordagem é inclusiva, inteligível tanto para profissionais da área quanto para curiosos e interessados – todos ansiosos com o suposto "fim do livro" que a realidade digital traria. Esse olhar ponderado dá a este livro o status de bibliografia básica. E o melhor de tudo: você pode escolher entre a edição impressa e, claro, a digital.

Com este livro, Fábio pode não solucionar todos os dilemas relativos aos e-books (como os conteúdos extras ou a atualização frequente dos textos) – mas nem precisava. Bom entendedor, ele sabe que "o futuro ao leitor pertence".

Gabriela Dias

Formada em Editoração pela USP com especialização digital no Ithaca College e no Yale Publishing Course (EUA). Em 2012, fundou o grupo Amigos dos Editores Digitais[2] (AED), que promove eventos de formação na área.

---

2 https://www.facebook.com/groups/editoresdigitais

Como Este Livro Foi Pensado?

Este livro surgiu de uma constatação recorrente que identifiquei em inúmeras consultorias, palestras e cursos em editoras, empresas e instituições toda vez que o assunto era o livro digital: a incerteza do novo.

Em todos esses lugares, a incerteza do novo era permeada por palavras e expressões como "disruptura", "revolução", "temos que começar do zero", "o papel (nunca – talvez – certamente) vai morrer", "o cheiro do papel", "a praticidade do suporte digital".

Conforme o referencial de cada ambiente, essas discussões evoluíam, felizmente, para outro patamar: novos modelos de negócios, relação autor > editora > leitor, interatividade, *self publishing*. Alguns mitos, alguns tabus e muitos clichês ainda permeiam essa discussão, mas novos horizontes já são avistados...

Apesar de citar muitos autores e referências, não pretendi elaborar um trabalho acadêmico. Quase tudo que você verá aqui foi por mim experimentado em projetos desenvolvidos para o mercado editorial (Moderna, Pearson, Grupo Editorial Nacional), em minhas experiências anteriores como autor (Brasport e Editora Senac), em minhas turmas de graduação e pós-graduação, em minhas palestras e treinamentos. Sem pretensão de ser dono da verdade, mas sempre colocando um pouco da minha *práxis* pessoal em cada capítulo.

Este livro pretende também enfrentar outro desafio – eu o chamo de "O desafio da sopa de letrinhas". Percebi que em todos os ambientes que citei antes existia ou ainda existe um grande desconforto em relação às siglas e abreviaturas, em relação aos jargões deste novo cenário: ePUB, e-book, HTML, XML? Quem são? Como vivem? Do que se alimentam?

Preferi relacionar conceitos e interligar ideias a enumerar e descrever ferramentas, pois o ciclo de vidas delas é sempre imprevisível – e acredito que é fundamental o mercado abraçar ferramentas e softwares que privilegiem a reutilização do conteúdo sem que este esteja atrelado a uma solução única. Vou insistir neste ponto durante todo o livro.

Como Este Livro Foi Pensado?

Et cetera é a expressão de origem latina usada para designar os demais, as outras coisas, a sequência que de maneira lógica completa uma ideia ou um texto. Minha intenção em usá-la no título é ampliar a compreensão do livro digital em várias dimensões, não apenas na evolução de um suporte tecnológico. Espero que consiga.

Rumo ao Digital descreve a mudança do paradigma, a substituição dos átomos pelos *bits*, a passagem do analógico para o digital. Uma revolução que, mesmo consolidada, ainda pega de surpresa muitas empresas.

Aqui começa a "sopa de letrinhas". Em **Formatos** surge uma infinidade de abreviações, anagramas e jargões oriundos do universo linguístico do "tecniquês" que tem um único objetivo: confundir o não iniciado!

Vamos desmistificá-los, vamos entender que a maioria dos formatos utilizados pelos livros digitais é baseada em linguagens de marcação e não de programação. É um caminho sem volta – depois de conhecer minimamente como os códigos funcionam, você nunca mais será enganado por gurus e profetas da tecnologia. **Reforço aqui a minha visão (e convicção) da importância da linguagem HTML como centro nevrálgico do livro digital em seus vários formatos e do formato ePUB como a grande plataforma aberta de publicação.**

Em **Dispositivos de Leitura** deixo alguns comentários e dicas rápidas, afinal esse assunto é extremamente volátil e não quero "datar" demais o livro.

Em **Processos** abordo prováveis fluxos de trabalho, da concepção à produção, do livro digital. Não é uma "receita de bolo", mas baseia-se na minha experiência como consultor junto às equipes das editoras pelas quais passei e com as quais conversei. Não são regras fixas, são possíveis caminhos...

Para **Modelos de Negócios,** além dos meus textos, conto com a ajuda de dois grandes profissionais e parceiros: Greg Bateman, diretor da Hondana[3], e Guilherme Kroll, sócio na Balão Editorial[4]. Eles contribuem trazendo o olhar do empreendedor para os novos paradigmas de negócios do mercado editorial quando o assunto é o livro digital.

Na última parte, **O Livro na Open Web**, reitero minha aposta na fusão livro/web. É a parte mais pessoal e passional; não espero que concordem com tudo, espero que sejam abertas novas portas para novas discussões e para o exercício, sempre moderado, da futurologia e dos *mashups*. Afinal, o futuro ao leitor pertence!

www.livrodigital.etc.br

---
3 Hondana – http://hondana.com.br
4 Balão Editorial – http://www.balaoeditorial.com.br

Sobre o Autor

Formado pela Escola de Comunicação e Artes (ECA) da USP, possui especialização em Criação Visual e Multimídia e MBA em Marketing pela FGV.

Na Soyuz Sistemas, participou do desenvolvimento de projetos pioneiros nas áreas de Open Web Platform e Marketing Semântico no Brasil; e à frente da Flatschart Consultoria Ltda. implantou programas de capacitação e consultoria para grandes empresas como Editora Moderna, Senac, Adobe Systems Brasil e Editora Pearson.

Autor do livro "HTML5 – Embarque Imediato", uma das primeiras publicações em português desta temática, coautor do livro Open Web Platform e autor de outras publicações que são referência na área de tecnologia da informação.

LIVRO DIGITAL ETC.

No Senac participou das equipes responsáveis pelo desenvolvimento de dezenas de cursos livres, técnicos, de graduação e de pós-graduação para o portfólio das áreas de Internet e Computação Gráfica da Gerência de Desenvolvimento (GD2).

É colunista do portal iMasters e colaborador de artigos e entrevistas para veículos como Portal G1, IBM DeveloperWorks e IInterativa. Suas palestras e conferências marcam eventos importantes como Futurecom, Campus Party, Conferência Web W3C e Digital Road Show do Senac-SP.

Professor convidado dos mais importantes cursos de MBA do Brasil (FGV, FIA, Trevisan) e entusiasta do livro digital.

Sumário

I Rumo ao Digital 1
Pioneiros 2
HES e FRESS 6
Do Projeto Gutenberg ao Kindle 8
Digitus 12
Vive la différence! 16

II Formatos 19
Texto & cia. 20
PDF 22
HTML 26
ePUB 39
MOBI, AZW E KFB 49
iBooks 51
Aplicativos 53

III Dispositivos de Leitura 57
Desktops e notebooks 58
Tablets e smartphones 61
E-readers 64

IV Processos 69
O conteúdo 70
Print to digital 73
Born to be digital 75
Fluxo de trabalho híbrido ou sistêmico 77

V Modelos de Negócios 81
DRM 82
Distribuição de e-books na era Pós-Kindle 84
O pequeno grande mundo digital 91

VI O Livro na Open Web 97
Web semântica e ePUB3 98
Collaborative writing e wikibooks 100
O beta perpétuo, a catedral e o bazar 101
Social reading 106
O futuro ao leitor pertence 113

Bibliografia 119

Créditos das Imagens 121

Rumo ao Digital

Pioneiros

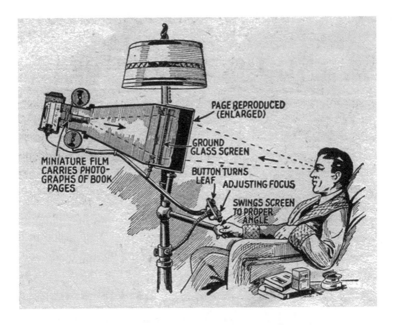

Figura 1 – Ilustração da edição de abril de 1935 da revista "Everyday science and mechanics"

Nos primeiros anos do século XX o mundo industrializado era movido por três grandes formas de energia:

- O vapor.
- O combustível fóssil.
- A eletricidade.

Rumo ao Digital

O vapor dava seus últimos suspiros e as outras duas disputavam o mercado e a mente inovadora dos cientistas. Carros elétricos que hoje estão em alta não eram incomuns em 1910 e toca-discos movidos a gasolina também não!

Uma sociedade automatizada e que se movimenta com maior velocidade começa a ser desenhada em todas as áreas do conhecimento, trazendo novas soluções que chegam mais depressa ao consumidor final. O movimento futurista italiano, liderado por Marinetti, ilustra bem as regras do começo do século da velocidade[1]!

A eletricidade mudava os hábitos e os produtos – elétrico, eletrônico e magnético eram adjetivos desejados, eram atributos de diferenciação, e o livro não poderia ficar fora deste cenário.

Nos anos 30 os exercícios de futurologia começam a imaginar o futuro do livro, como, por exemplo, na edição de abril de1935 da revista "Everyday science and mechanics", onde o leitor confortavelmente lê um livro projetado e ampliado em uma tela manipulada por um controle eletromecânico que vira as páginas e controla o foco – um *e-reader* dos anos 30, onde o prefixo "e" significa eletrônico e não digital, uma questão semântica que se arrasta até os dias de hoje.

---
1 The Futurist Manifesto – http://goo.gl/29nfD

Em 1945, o engenheiro americano Vannevar Bush, que também tinha participado do Projeto Manhattan[2], escreve, no artigo "As We May Think"[3], as vantagens da disposição e do acesso ao conteúdo de mídia de uma maneira não linear.

Bush imaginou um dispositivo mecânico de inserção, indexação, armazenamento e reprodução de conteúdo ao qual ele chamou de MEMEX (*Memory Extender*). Nele seria possível criar, editar e interligar conteúdos de texto, som e imagens, associando-os em trilhas e blocos de informação.

Bush vislumbrava um sistema que serviu de ponto de partida para a interface dos modernos computadores e para a estruturação de redes de conteúdo baseadas na conexão de documentos (*links*).

O MEMEX[4], apesar de nunca ter sido construído, entrou para a história como o primeiro computador analógico multimídia. Praticamente todos os elementos de um ePUB3 estavam presentes ali!

Porém, na disputa pela primazia da criação do primeiro livro eletrônico aparece quase sempre o nome de Ángela

---

2 Projeto Manhattan – http://goo.gl/1vM1v
3 As We May Think – http://goo.gl/sb3PC
4 Memex animation: Vannevar Bush's diagrams made real – http://goo.gl/We8Nk

Ruiz Robles[5]. Essa professora e escritora espanhola, nascida em 1885, concebeu e patenteou em 1949 o que ela chamou, em espanhol, de *Enciclopedia Mecánica*.

Era uma espécie de fichário mecânico customizável, indexável e reutilizável. Com recursos de iluminação, ainda permitia a participação do leitor para a inserção de novos conteúdos, anotações e marcações. Atributos sob medida para um livro didático!

O dispositivo e a incrível história da professora Ángela são descritos em detalhes na "Revista de Comunicación interna de la oficina española de patentes y marcas año XII 3er N. 39 cuatrimestre 2010". Vale a pena a leitura.[6]

> *"Não viemos a este mundo só para viver a nossa vida de maneira confortável, mas para cuidar dos outros, para que os outros possam se beneficiar do que temos a oferecer"* – Ángela Ruiz Robles

---

5 Ángela Ruiz Robles – http://goo.gl/tQHrs
6 Revista de Comunicación interna de la oficina española de patentes y marcas [PDF] – http://goo.gl/T0ce0

HES e FRESS

O *Hypertext Editing System* (HES) era um projeto que funcionava no terminal de um gigantesco *mainframe* IBM[7]. Mesmo nascido das pesquisas sobre modelos hipertextuais de Ted Nelson, sua maior aplicação era a organização e formatação de conteúdo para fins de impressão.

Andries van Dam, um dos responsáveis pelo projeto, o descreve em seu artigo "Hypertext '87 Keynote Address"[8] publicado em 1987. Reproduzo aqui pequenos trechos traduzidos livremente:

> "No início de 1968 oferecemos alguns equipamentos IBM para grandes empresas, como, por exemplo, o The New York Times e a Revista Time/Life – eles acharam que nosso sistema era complexo demais.
>
> Isso é ótimo, mas levará pelo menos dez anos até que as pessoas estejam dispostas a sentar-se atrás de tubos (telas) e fazer qualquer coisa online – ainda bem que eles estavam errados".

---

7 IBM System/360 – http://en.wikipedia.org/wiki/System/360
8 Hypertext '87 Keynote Address – http://goo.gl/FGfje

O FRESS (*File Retrieval and Editing SyStem*) foi o sucessor do HES e podia ser acessado de terminais parecidos com máquinas de escrever que controlavam interfaces visuais.

Assim como no começo do século o toca-discos a gasolina experimentava velhos conceitos em novas roupagens, mas ainda sem ter uma clara noção de onde este processo iria parar, a partir do anos 70 a produção editorial começa a expandir suas fronteiras de maneira irreversível, prenunciando o período de transição do átomo para o *bit*, ou seja, do analógico para o digital.

Livro Digital Etc.

Do Projeto Gutenberg ao Kindle

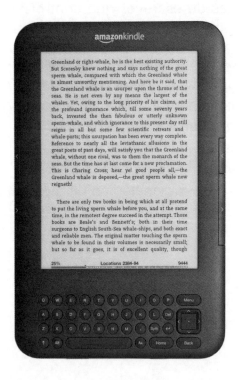

Figura 2 – Amazon Kindle Keyboard (2010)

Em 1970, com os processos e as ferramentas evoluindo rapidamente, restava perguntar:

Como fica a relação conteúdo/suporte?

Novamente a eterna discussão entre o meio e a mensagem, a plataforma e o conteúdo, o veículo e a informação. Quem proverá o conteúdo para esta nova mídia? É uma nova mídia ou apenas um novo suporte?

Gosto de acreditar que tais indagações passaram também pelas mentes (brilhantes) dos escribas e dos guardiões da Biblioteca de Alexandria, cuja missão impressiona até hoje: manter um exemplar de cada manuscrito produzido no mundo.

Dentro deste mesmo conceito de universalização e compartilhamento de conteúdo é que, em 1971, um estudante da Universidade de Illinois com acesso a um computador Xerox Sigma inicia o que seria conhecido depois como Projeto Gutenberg. Michael Hart começava a digitalizar, arquivar e distribuir livros, e para isso tomou como ponto inicial uma cópia da Declaração de Independência dos Estados Unidos, fato que em certo consenso geral marca o nascimento do primeiro livro eletrônico, o primeiro e-book[9]. Como consta na página inicial[10] do projeto de Michael: *The first producer of free e-books* (o primeiro produtor de livros eletrônicos grátis).

---

9 United States Declaration of Independence by United States – http://www.gutenberg.org/ebooks/1
10 Project Gutenberg – http://www.gutenberg.org/

Não deixe de conhecer o Projeto Gutenberg, você vai se surpreender!

Com o projeto Gutenberg uma imensa avenida se abre para o livro digital, com alguns protagonistas e muitos figurantes. Tecnologias, ferramentas, dispositivos e plataformas se multiplicam. Novos formatos são experimentados, questionando o papel do leitor e o leitor do papel e quebrando velhos paradigmas.

Em 1990 nasce a web. Com o auxílio de Robert Cailliau, Tim Berners-Lee constrói o primeiro navegador/editor, chamado então de *World Wide Web*, e cria o protocolo HTTP (*HyperText Transference Protocol* – Protocolo de Transferência de Hipertexto) para distribuir conteúdo na rede.

O HTTP era alimentado com uma nova linguagem de marcação, o HTML – baseado no SGML (*Standard Generalized Mark-up Language*), uma linguagem amplamente aceita para a estruturação de documentos e da qual o HTML herdou as *tags* de título, cabeçalho e parágrafo. A grande novidade era a marcação <a>[11] com o atributo href, que permitia a ligação (*link*) entre vários documentos. Hoje o HTML é o coração do formato ePUB e a web

---
[11] Documento Web de 1992 mostrando o elemento <a> – http://goo.gl/LypJu

tornou-se tanto plataforma de publicação quanto de distribuição de livros digitais.

De uma maneira geral, vejo que muitas pessoas associam o nascimento do livro digital ao advento do Kindle – realmente, ele foi um divisor de águas, mas não surgiu de geração espontânea. Foi fruto do amadurecimento do mercado e dos novos recursos computacionais. No momento certo, no lugar certo.

Em seu livro "Booknology: The eBook (1971-2010)"[12], publicado no projeto Gutenberg, Marie Lebert monta uma linha do tempo detalhada para contar esta evolução. Outra boa fonte é o verbete e-book[13] (em inglês) na Wikipedia, que também traz um excelente histórico sobre o assunto.

---
12 Booknology: The eBook (1971-2010) by Marie Lebert – http://www.gutenberg.org/ebooks/33460
13 Verbete e-book na Wikipedia – http://en.wikipedia.org/wiki/EBooks

Digitus

A palavra "digital" tem sua origem no latim *digitus* (*di.gi.tus*), que em português significa dedo[14]. Dela surgem as expressões:

⮕ Impressão digital (impressão do dedo).

⮕ Digitar um texto (escrever um texto utilizando um dispositivo de teclas acionadas pelos dedos).

⮕ A digitação no violão (a colocação dos dedos de maneira correta no instrumento).

Mas por que então mídia digital, livro digital? Qual a relação com a palavra "dedo"?

Em algum ponto da história, quando a humanidade teve a necessidade de estabelecer relações de correspondência entre a quantidade e o seu significado exato, algo que fosse além das noções de "poucos" ou "muitos", surgiu a contagem comparativa através do uso dos dedos, que estabelecia uma correspondência biunívoca entre objetos e quantidades. Um dedo era um número, um dígito, e até hoje usamos desta metáfora com nossas crianças.

---

14 Glosbe – Dicionário multilíngue on-line : http://pt.glosbe.com/la/pt/digitus

Trazendo a relação **dedo** > **dígito** > **número** para o contexto moderno, podemos dizer que digitalizar é transformar em números. Sim, o mundo digital é feito de números, muitos números, é como os sistemas computacionais constroem e representam a informação. Enquanto que na mídia analógica é estabelecida uma relação de comparação (analogia) direta com o objeto ao qual ela representa, na mídia digital a representação acontece através da codificação/decodificação de números e para isso temos diversos sistemas de numeração, como o decimal (10 dígitos), o hexadecimal (16 dígitos) e o binário (2 dígitos).

Por isso que prefiro o termo "livro digital" em vez de "livro eletrônico". O dispositivo pode ser eletrônico, mas a informação que ele manipula, processa e lê é digital.

A necessidade de definir "o que é livro" e o "que é livro digital" é muito mais acadêmica e mercadológica do que semântica, mas vamos apontar algumas definições de livro e de livro digital, as consagradas por seu uso:

> **Resolução da UNESCO de 1964**[15]**:** *Livro é uma publicação impressa e não periódica de pelo menos 48 páginas, excluindo as capas, colocada à disposição do público.*

---

15 Resolução da UNESCO de 1964 [PDF] – http://goo.gl/Uf4Yu

Norma Brasileira ABNT NBR 6029 de 2006[16]:
Livro é uma publicação não periódica que contém acima de 49 páginas, excluídas as capas, e que é objeto de Número Internacional Normalizado para Livro (ISBN).

Ambas caem por terra quando encaramos o livro como conteúdo e desvinculado do seu suporte físico. Um conceito interessante é o utilizado pelo "The Oxford Companion to the Book"[17], aqui traduzido livremente:

> Um livro eletrônico, também conhecido por e-book, eBook, ebook, livro digital ou e-edition, é uma publicação em formato digital, composta de texto, imagens ou ambos, produzido, publicado e legível em computadores ou outros dispositivos eletrônicos.

Como já disse e justifiquei anteriormente, não sou adepto do uso do termo "eletrônico", e ainda faço outras ressalvas a esta definição: e os livros interativos multimídia? E os audiolivros? Um livro não pode ser também um *game*? Um livro não pode ser um aplicativo?

Em seu livro "The eBook Design and Development Guide"[18], Paul Salvette utiliza uma definição bastante

---

16 Norma Brasileira ABNT NBR 6029 – http://goo.gl/srEuO
17 SUAREZ, Michael Felix; WOUDHUYSEN, H. R. **The Oxford Companion to the Book**. Oxford: Oxford University Press, 2010.
18 SALVETTE, Paul. **The eBook Design and Development Guide** Bangkok: BB eBooks, 2012 (Kindle Edition).

simplificada e que de um modo geral se adapta bem, se levarmos em consideração apenas o livro digital no formato ePUB (IDPF) e seus derivados como MOBI/KF8 (Amazon) e iBooks (Apple):

> *O livro digital (no original consta e-book) é um web site com uma grande quantidade de metadados. Seu conteúdo é fluido em todos os dispositivos digitais de leitura, assumindo diferentes formas e tamanhos.*

Algumas definições, como a de Michel Saylor em seu livro "The Mobile Wave"[19], parecem radicais, mas apontam para um futuro viável e bem próximo:

> *Livros estão se tornando software. Jornais estão se tornando software. Revistas estão se tornando software.*

Tergiversações à parte, para fins práticos e didáticos, **tenho empregado (por enquanto) esta definição**:

> *Livro digital é um livro que pode ser lido em dispositivos computacionais. Normalmente contém textos e imagens, mas, não raro, recursos de multimídia e interatividade.*

---

19 SAYLOR, Michael J. **The Mobile Wave: How Mobile Intelligence Will Change Everything.** Perseus Books/Vanguard Press, 2012

Vive la différence!

> A discussão do fim do livro está ultrapassada. Os dois mercados – de impressos e e-books – estão crescendo no Brasil. O mais importante é que o editor ofereça o conteúdo onde quer que o leitor queira ter, comprar e ler. Uma coisa complementa a outra. – Camila Cabete, Senior Publisher Relations Manager da Kobo Brasil

Nos períodos de transição de tecnologias, ou mesmo em períodos de convivência amigável entre antigas e novas soluções, é sempre difícil delimitar claramente as fronteiras e as especificidades intrínsecas de cada formato, de cada experiência.

Quando do surgimento da fotografia, na metade do século XIX, dizia-se que estava decretado o fim da pintura. Quando o tímido experimento dos irmãos Lumière ganhou dimensões comerciais dizia-se que o teatro e os musicais se extinguiriam. O mesmo se falou da televisão em relação ao rádio.

De certo modo isso se manteve inalterado até a última década do século XX, momento no qual a revolução digital e a internet começaram a varrer os guerreiros analógicos das trincheiras da mídia. O livro de papel está nesta trincheira, lutando bravamente e adaptando-se para conviver com o digital.

Neste período, podemos apontar algumas características técnicas simples que hoje, enquanto escrevo este texto, fazem sentido a título de comparação entre o impresso e o digital com base nos formatos dos principais *e-readers* (Kindle, Kobo, Adobe Digital Editions, Nook).

Recurso	Impresso	Digital
Fontes	Definido pelo Editor	Definido pelo dispositivo
Cores	Definido pelo Editor	Definido pelo dispositivo
Número de Páginas	Definido pelo Editor	Definido pelo dispositivo
Layout	Fixo	Fixo*/Fluido

*Aqui cabe uma discussão sobre livros digitais com layouts fixos e que portanto são criados pensando-se em um único dispositivo/formato, como, por exemplo, Kindle ou iPad. Aparentemente é uma boa solução para um determinado momento ou sazonalidade do mercado, mas que na prática limita o futuro do livro, engessando a distribuição, a ubiquidade, a perenidade e muitas vezes o reaproveitamento do conteúdo. Teremos esta conversa no decorrer do livro ☺.

Esta tabela simplificada não representa de forma alguma todo o leque gigantesco de características pelas quais podemos comparar formatos e produtos, mas é um bom ponto de partida. Novas soluções mesclam o analógico e o digital, como, por exemplo, livros impressos que permitem a interação do leitor através de recursos de realidade aumentada[20].

Debates acalorados fazem parte desta etapa do processo, mas, como sempre vimos no decorrer da história, toda tecnologia cumpre um saudável e orgânico ciclo de vida, no qual novas soluções nascem, crescem, amadurecem, mesclam-se com as já existentes e um dia acabam sendo substituídas. Com o livro impresso, ainda não sabemos quando, não será diferente.

Mas se você ainda não se sentiu à vontade com as definições técnicas, podemos simplificar:

- **E-book** é um livro, mas é lido em vários dispositivos, como computadores, *tablets*, *smartphones*, *e-readers* e outros.

- **E-book** é um livro, mas é fluido e multiforme.

- **E-book** é um livro, pode ser semelhante ao seu "irmão" impresso, mas pode ser um produto totalmente novo...

---

20 BooksARalive: Augmented Reality Children's Books – http://goo.gl/Jdlig

II

Formatos

Texto & cia.

Se a sua preocupação é a universalização do conteúdo e a máxima difusão das suas ideias, as publicações em formato de texto simples são excelentes e permitem vários modelos de licenciamento, gratuitos ou não. Não se esqueça que, ao contrário do idioma inglês, onde a palavra *free* não distingue as peculiaridades do seu significado em português, temos pelo menos duas possibilidades bem distintas:

⊃ *Free* > **Grátis**: indica que você não precisa pagar pelo livro que recebeu.

⊃ *Free* > **Utilização livre**: indica que você pode fazer o que quiser com o livro que recebeu[21].

Dois acontecimentos foram fundamentais para a viabilização dos livros digitais baseados nos formatos de texto: **em 1977**, o padrão de codificação de caracteres ASCII[22] (*American Standard Code for Information Interchange*) é estendido para outros idiomas europeus, permitindo acentuação e por consequência sua popularização, e, **em 1990**, surge o padrão UNICODE[23], que viabilizaria a repre-

---

21 Grátis ou de Utilização Livre? – http://goo.gl/gKPRI
22 ASCII – http://en.wikipedia.org/wiki/Ascii
23 UNICODE – http://en.wikipedia.org/wiki/UNICODE

FORMATOS

sentação e a manipulação de todos os tipos caracteres, cerca de 107.000, para qualquer forma de escrita, que de fato possibilitaria múltiplas traduções e adaptações de conteúdo.

Os formatos de arquivo de texto com ou sem formatação – TXT, RTF, DOC, ODT e outros[24] – são formatos flexíveis e práticos. Funcionam de maneira nativa nos sistemas operacionais ou em aplicativos gratuitos facilmente instaláveis.

Conteúdos baseados em texto puro são leves, versáteis e muito utilizados no acervo do projeto Gutenberg. Lá é possível encontrar "A Guerra dos Mundos" de H. G. Wells[25] em formato TXT (texto sem formatação) ou "Metamorfose" de Kafka[26] em formato RTF (texto com formatação), ambos em inglês. Em português temos, por exemplo, "Os Lusíadas" de Camões em formato TXT[27].

---

24 Formatos mais comuns de documentos de texto – http://goo.gl/CTS2e
25 A Guerra dos Mundos de H.G.Wells em formato TXT – http://goo.gl/0v2JU
26 Metamorfose de Franz Kafka em formato RTF – http://goo.gl/lGZPp
27 Os Lusíadas de Camões em formato TXT – http://goo.gl/lycqL

PDF

As origens do PDF remetem ao desenvolvimento da linguagem *InterPress*[28] em meados da década de 70 através das pesquisas de John Warnock[29], que viria em 1982 a fundar a Adobe[30], empresa que lançaria em 1984 a linguagem *PostScript*, uma versão evoluída e simplificada da *InterPress*.

Neste mesmo ano, Steve Jobs "encomenda" uma adaptação da *PostScript* para ser usada em suas impressoras laser. Em março de 1985, a Apple LaserWriter[31] se torna a primeira impressora a trabalhar com esta linguagem.

A linguagem *PostScript* abriu os caminhos para o desenvolvimento do PDF em 1992 e de uma série de ferramentas como Acrobat, InDesign e Illustrator, que fariam da Adobe uma referência em plataformas e ferramentas para o *Desktop Publishing*.

O formato PDF (*Portable Document Format*) é um caso a ser tratado com atenção quando o assunto é livro digital.

---

28 Interpress – http://en.wikipedia.org/wiki/Interpress
29 John E. Warnock – http://en.wikipedia.org/wiki/John_Warnock
30 Adobe Systems – http://www.adobe.com
31 Apple Laserwriter – https://en.wikipedia.org/wiki/LaserWriter

Sobre este assunto, as primeiras frases que me vêm à cabeça são essas, que ouço com muita frequência em todos os níveis hierárquicos do mundo editorial:

⮕ O PDF é sempre fiel ao projeto gráfico.

⮕ O PDF se comporta sempre da mesma maneira em todos os dispositivos.

Essas duas frases, que são empregadas para apontar as suas vantagens, carregam no seu cerne justamente a sua maior deficiência: o fato de este não ser um formato fluido, flexível e adaptável para projetos consistentes visando uma ampla difusão do livro digital.

Agora que já fiz o papel de "advogado do diabo" e lancei a polêmica, quero aqui deixar claro que de maneira nenhuma ouso ignorar o fantástico e versátil universo de aplicações de sucesso que o formato PDF propicia e nas quais ele reina absoluto com suas múltiplas vantagens:

⮕ O PDF é um **padrão aberto**: o legado e a continuidade do padrão PDF, utilizado em bilhões de documentos ao redor do mundo, estão assegurados pela norma ISO 32000[32].

---

32 ISO 32000-1:2008 – http://goo.gl/kApl4

- Recursos de **segurança e proteção**: por meio de senhas ou sistemas de DRM, esses recursos fazem do PDF um formato muito utilizado por empresas, governos e instituições de ensino.

- **Texto** aberto e **OCR**: facilitam a pesquisa e a produção.

- Recursos de **acessibilidade**: acessibilidade de conteúdo web[33].

- Recursos para **formulários**: criação e distribuição de formulários para coleta e análise de dados.

- Recursos de **multimídia**: construção de documentos com *hiperlinks*, vídeo, áudio e 3D.

- Integração com múltiplos sistemas e plataformas.

A norma ISO 32000 também estabelece os padrões de formatos PDF para finalidades específicas. como:

- **PDF/A:** Arquivamento.

- **PDF/UA:** Acessibilidade.

- **PDF/E:** Engenharia.

- **PDF/X e PDF/V:** Impressão.

---

33 Web Content Accessibility Guidelines (WCAG) – http://goo.gl/xI9he

Tudo isso sem falar do seu protagonismo dentro do modelo de produção e impressão que nasceu com o advento do *Desktop Publishing*. Porém, o mundo *mobile* não se mostrou o ambiente ideal para o PDF, pois a infinidade de tamanhos, padrões, recursos e peculiaridades dos sistemas operacionais móveis não favoreceu quem antes reinava absoluto no *desktop*.

Fernando Figueira, *Developer Evangelist* da Microsoft no Brasil, comenta em seu depoimento para o livro "Open Web Platform"[34], do qual sou coautor.

> Não esperamos a mesma experiência em diferentes dispositivos, esperamos a melhor experiência de cada dispositivo.

Apesar das limitações que apontei, o formato PDF ainda é amplamente utilizado para distribuição (comercial ou não) do livro digital pelas editoras.

---

34 CUSIN, Cesar; BACHINI, Clécio; FLATSCHART, Fábio. Open Web Platform. Rio de Janeiro: Brasport, 2013.

HTML

Seja como suporte final para distribuir um livro digital na web ou como componente central dos formatos ePUB, MOBI, iBooks e outros, o HTML é hoje fundamental para o mercado editorial.

Muitos editores (já falei disso no início do livro) se assustam em ouvir falar de HTML, pois, imaginando complexos códigos e estruturas ininteligíveis, alegam:

– **Não sou programador para saber HTML!**

Correto! Não é e nem precisa ser, porque HTML não é uma linguagem de programação – é uma linguagem de marcação. No HTML, os elementos de conteúdo são marcados no texto.

Corpo, título, subtítulo, parágrafo, quebra de linha, citação, artigo, rodapé, imagem – se esta nomenclatura e esta semântica não são familiares para um editor, para quem mais serão? É a partir delas que se estrutura um documento HTML!

O livro digital requer que editores e produtores adquiram conhecimentos mínimos em HTML, CSS e XML. Felizmente para o mercado editorial, essas competências têm sido utilizadas, compartilhadas, aprimoradas e consolidadas por desenvolvedores web e web designers há anos! – Paul Salvette[35]

Quando da revolução do *Desktop Publishing*, o mercado também não teve que se adaptar a termos como *Post-Script*, Vetor, Bitmap, CMYK, PDF? Hoje vivemos uma nova revolução trazida pela consolidação da web como plataforma de distribuição de conteúdo. E o HTML está no centro desta nova perspectiva!

As linguagens de marcação, entre elas o HTML (*Hypertext Markup Language*), possuem uma estreita relação com a época em que os profissionais revisores de textos marcavam indicações nos documentos de maneira que esses elementos fossem facilmente reconhecidos dentro do texto final que seria entregue para o leitor. Na moderna indústria editorial, hoje totalmente digitalizada, as linguagens de marcação permitem a comunicação entre autores, editores e impressoras.

Além do segmento editorial, as linguagens de marcação são amplamente utilizadas na web em outros setores que demandam a interoperabilidade entre dispositivos, sistemas e plataformas distintas.

---

35 SALVETTE, Paul. The eBook Design and Development Guide Bangkok: BB eBooks, 2012 (Kindle Edition).

As atuais linguagens de marcação têm como ancestral comum o SGML (*Standard Generalized Markup Language*), que por sua vez evoluiu da GML (*Generalized Markup Language*) desenvolvida pela IBM no começo da década de 60 por Charles Goldfarg, Edward Mosher e Raymond Lorie. O SGML surgiu aproximadamente na mesma época da Internet e do sistema Unix.

Algumas linguagens de marcação, como o HTML, aceitam formatação semântica de apresentação, ou seja, permitem que se defina de que maneira a informação será mostrada para o usuário. Outras, como o XML, não possuem uma semântica de apresentação predefinida.

O HTML é a principal linguagem utilizada na web. Ele permite a criação de documentos estruturados em títulos, parágrafos, listas, *links*, tabelas e muitos outros elementos nos quais podem ser incorporados imagens e objetos, como, por exemplo, uma animação ou um vídeo, e é escrito na forma de *tags* delimitadas pelos sinais < > e </ >, que identificam a função e o conteúdo de cada elemento da linguagem.

Para escrever um parágrafo é utilizado o elemento `p`:

`<p>Este é um parágrafo</p>`

O elemento `title` determina o título de um documento HTML:

`<title>Este é o título de um documento HTML</title>`

XHTML

XHTML (*Extensible HyperText Markup Language*) é uma linguagem de marcação que utiliza os mesmos elementos da linguagem HTML, porém de forma mais rigorosa e estruturada.

W3C e Web Standards

O *World Wide Web Consortium* (W3C) é uma organização internacional que desenvolve padrões para assegurar a normatização e a evolução da web. Esses padrões são chamados de recomendações ou *Web Standards*.

XHTML e HTML são recomendações independentes, e o W3C indica o uso dessas linguagens nas versões XHTML 1.1, XHTML 1.0, e HTML 4.01 para o desenvolvimento e a publicação de sites e aplicações na web.

O HTML5 está sendo desenvolvido em uma colaboração entre o W3C e WHATWG, e sua especificação, ainda não concluída, deve ser uma recomendação do W3C em 2014.

CSS

Enquanto HTML e XHTML são linguagens de marcação, o CSS (*Cascading Style Sheets* ou Folha de Estilo em Cascata) é uma linguagem de estilo, responsável pela formatação e apresentação do conteúdo: layout, cores, fontes. Veja um exemplo da estrutura da linguagem CSS, no qual o corpo do documento HTML, o elemento body, é definido para ser visualizado com fonte Verdana na cor preta e fundo em cor de laranja.

```
body {
    font: Verdana,
    background: #F90;
    color: #000;
}
```

O uso do CSS permite que conteúdo e apresentação (estilo) sejam trabalhados de forma independente, conferindo flexibilidade e modularidade ao fluxo de trabalho na web.

XML

Tal como o HTML, o XML (*Extensible Markup Language*) também é uma linguagem de marcação. Ele armazena e descreve dados, permitindo a transferência destes entre diferentes sistemas e aplicativos de uma forma estruturada na qual você pode criar as suas próprias *tags* ricas em informações de conteúdo ou de metadados.

Entenda a principal diferença entre HTML e XML:

HTML	Serve para exibir dados
XML	Serve para transportar e armazenar dados

Veja como é estruturado um arquivo XML para descrever um fictício cardápio de restaurante:

```
<?xml version="1.0" encoding="utf-8"?>
<cardapio>
    <segunda>Virado à Paulista</segunda>
    <terca>Dobradinha</terca>
    <quarta>Feijoada</quarta>
    <quinta>Massa</quinta>
    <sexta>Peixe</sexta>
    <sabado>Feijoada </sabado>
</cardapio>
```

O formato XML[36] também é uma recomendação do W3C.

---
36 Tecnologia XML – http://www.w3.org/standards/xml

JavaScript

JavaScript é uma linguagem de programação que pode ser incorporada diretamente em páginas HTML com a função de adicionar mais interatividade ao seu conteúdo.

Esta linguagem é classificada como do tipo *client-side*, ou seja, funciona no lado do cliente, que neste caso é a máquina do usuário da web.

Conheça algumas das características do JavaScript:

- ⇒ É uma linguagem de programação (não é uma linguagem de marcação) com uma sintaxe relativamente simples, permitindo que, mesmo quem não é programador seja capaz de inserir fragmentos de código JavaScript no HTML.

- ⇒ Controla elementos interativos que respondem à ação do mouse, como menus, janelas e painéis de conteúdo.

- ⇒ Pode ser programado para executar determinadas ações quando uma página acaba de carregar ou quando um usuário clica em um elemento HTML.

- ⇒ É capaz de interpretar e modificar o conteúdo de um elemento HTML.

⊃ Pode ser usado para validar os dados do formulário antes que ele seja enviado.

⊃ Pode detectar as propriedades do navegador do usuário e se necessário redirecioná-lo a outra página que seja compatível com o seu sistema.

Camadas de desenvolvimento

A organização do desenvolvimento de projetos web, **sejam eles de um site ou um livro**, em camadas independentes confere flexibilidade e modularidade ao fluxo de trabalho, integrando equipes multidisciplinares de planejamento, produção, arquitetura da informação, design e programação.

Camadas de desenvolvimento do lado do usuário (*client side*)		
Marcação (Conteúdo e informação)	HTML	Permite a correta visualização e compreensão do conteúdo e interfere diretamente na ação dos mecanismos de busca
Apresentação (Estilo)	CSS	Responsável pela formatação da apresentação do conteúdo (layout, cores, fontes)
Comportamento	JavaScript	Adiciona interatividade e controle aos elementos do HTML.

HTML5

Pelas características modulares do desenvolvimento da versão HTML5, as empresas fabricantes dos navegadores, desenvolvedores, designers e usuários não precisam aguardar a especificação final da linguagem para colocá-la em uso e usufruírem das novas funcionalidades.

Uma das maiores dúvidas sobre o HTML5 é a sua efetiva compatibilidade com os navegadores e dispositivos atuais. Este receio se justifica em parte pelas dificuldades que desenvolvedores e designers sempre tiveram para garantir que seus projetos atingissem de maneira uniforme e consistente o maior número possível de usuários.

A variedade imensa de sistemas operacionais, tecnologias e *browsers* de diversos fabricantes (cada um com diversas versões!) foi agravada nos últimos anos pelo crescimento da oferta de novos dispositivos móveis de acesso à web, como os *smartphones*, *netbooks*, *tablets* e consoles portáteis de games.

As últimas versões do Firefox, Safari, Chrome, Opera e a maior parte dos browsers dos modernos dispositivos *mobile* já suportam, além dos novos elementos semânticos, os novos recursos de *canvas*, áudio, vídeo e geolocalização. O Internet Explorer, nas versões 9 e 10, apresenta grandes progressos quanto à compatibilidade com a versão 5 do HTML.

Cada browser possui um motor de renderização (*rendering engine*) encarregado de exibir o conteúdo do documento web para o usuário, e a cada nova versão mais recursos são suportados e a concorrência entre os fabricantes é grande, de maneira que, quando um fabricante implementa uma funcionalidade, esta é quase sempre seguida de perto pelos demais.

O HTML5 pode (e deve!) ser utilizado nos projetos em que as audiências, devido às suas especificidades, têm à sua disposição browsers modernos e atualizados ou naqueles nos quais você ofereça, junto com seu conteúdo, *scripts* ou conteúdo alternativo (*fallback*) para adequar sua aplicação aos usuários cujos browsers não reconhecem os novos elementos HTML5.

Muitas das marcações novas do HTML5 chegaram para aumentar a capacidade semântica do código, isto é, aumentar o seu poder de representação e significado. Elementos como article, section e nav (artigo, seção e navegação) fazem sentido não só para a sintaxe do código, mas também para interpretação humana, pois possuem um significado que transcende a linguagem da máquina e estabelece uma relação direta com a nossa maneira de organizar e encontrar o conteúdo para a web, pois os mecanismos de busca também são impactados quando marcamos e distribuímos as informações através de elementos que carregam um nível de significado mais rico, conseguindo estabelecer novas relações de relevância e hierarquia no conteúdo.

O grupo de trabalho do HTML do W3C tem feito muitos progressos em relação ao HTML5, que deve receber o status de Recomendação em 2014[37].

No meu livro "HTML5 – Embarque Imediato"[38] detalho as mudanças e comento sobre cada um dos novos elementos e seus usos. Fica o convite à leitura para aqueles que desejam ou precisam se aprofundar no assunto.

Livros em HTML

O formato HTML é amplamente utilizado pelo projeto Gutenberg, como, por exemplo, no livro "A Cidade e as Serras"[39], de Eça Queirós, pois é uma ótima opção para a difusão de obras em domínio público e permite que todo

---

37 Plan 2014 – http://goo.gl/5Y5tk
38 FLATSCHART, Fábio. **HTML5: Embarque Imediato**. Rio de Janeiro: Brasport, 2011.
39 A Cidade e as Serras – http://goo.gl/k0dtM

o conteúdo fique indexado pelos mecanismos de busca, ou seja, possa ser buscado diretamente na web.

O Google oferece uma amostra do que pode vir a ser um livro em HTML, usando para isso muitos dos recursos do HTML5 em seu projeto *20 Things I Learned About Browsers and the Web*[40] (20 lições que aprendi sobre navegadores e a web). É uma ótima experiência, vale a pena conhecer!

Outro projeto de destaque é uma iniciativa da Pearson Education, o *Accessible Learning HTML eBooks*[41], para a produção de livros didáticos da área de matemática construídos em HTML a fim de garantir total acessibilidade a portadores de deficiência visual, já que o conteúdo pode ser lido através de softwares específicos, como o Jaws[42].

Enquanto estou escrevendo este material (maio de 2013) acontece no Rio de Janeiro a WWW2013 – *The World Wide Web Conference*[43], e um dos assuntos que mais causa polêmica é a implementação de mecanismos de

---

40 20 lições que aprendi sobre navegadores e a web – http://www.20thingsilearned.com/pt-BR
41 Accessible Learning: HTML eBooks – http://goo.gl/bXBSh
42 Jaws for Windows – http://goo.gl/rs0t0
43 WWW2013 – The World Wide Web Conference – http://www2013.org/

DRM (*Digital Rights Management*) no HTML5[44], uma API para controlar a exibição e/ou distribuição de conteúdo protegido pelo autor. O foco inicial é o conteúdo audiovisual.

A experiência de outros mercados, como o de vídeo e o fonográfico, com mecanismos de DRM não foi bem-sucedida, e algumas editoras estão abandonando com sucesso esses mecanismos de proteção. Vamos abordar o assunto outras vezes no decorrer do livro.

> Ter o livro no formato HTML5 permite reutilizar este conteúdo em diferentes modalidades, seja colocando "na nuvem", em forma de site web, seja em e-book ou até mesmo impresso[45] – José Fernando Tavares, fundador e diretor de operações da Simplíssimo Livros

---

44 Encrypted Media Extensions – http://goo.gl/bLLuQ
45 CUSIN, Cesar; BACHINI, Clécio; FLATSCHART, Fábio. **Open Web Platform**. Rio de Janeiro: Brasport, 2013.

ePUB

Neste novo mercado onde inúmeros *players* brigam pela primazia de estabelecer formatos e soluções, formatos baseados em padrões abertos, interoperáveis e modulares ganham força para se afirmarem como referência. É o caso do ePUB, também grafado como e-pub, epub, EPub, EPUB e ePUB. Neste livro, como você já deve ter percebido, emprego a grafia ePUB.

Enquanto o termo e-book (*Eletronic Book*) se refere a qualquer formato (PDF, HTML, DOC, texto ASCII e outros) utilizado para a apresentação digital de um livro, o termo ePUB (*Electronic Publication*) se refere a um padrão de arquivo desenvolvido pelo IDPF (*International Digital Publishing Forum*[46]) que possui a extensão .epub. Sua estrutura, baseada em XML, CSS e HTML, é bastante familiar para o profissional da área de web e aceita DRM.

ePUB2

De acordo com o IDPF, o formato EPUB 2.0.1[47] é atualmente uma versão de manutenção do EPUB 2 que teve

---
46 IDPF – http://idpf.org/
47 EPUB 2.0.1 – http://idpf.org/epub/201

seu desenvolvimento iniciado em 2009 e cuja versão final foi aprovada como uma especificação recomendada em maio de 2010. Empregamos a expressão versão de manutenção pois, em outubro de 2011, foi aprovada a especificação EPUB 3.0. Normalmente quando falamos ePUB estamos nos referindo ao ePUB2.

O formato ePUB2, formalmente EPUB 2.0.1, é definido por três especificações de padrões abertos:

⇒ *Open Publication Structure* (OPS)

⇒ *Open Packaging Format* (OPF)

⇒ *Open Container Format* (OCF)

De uma maneira simplificada podemos dizer que ePUB é um pacote formado por documentos XHTML que exibem conteúdo, documentos XML que definem estrutura e metadados, documentos CSS que marcam a formatação visual, arquivos de imagens e arquivos de fontes.

Por ser um formato aberto e de fácil produção/distribuição, o ePUB é excelente para publicações digitais que vão além do livro propriamente dito, como por exemplo:

⇒ Compilar conteúdo de *blogs* ou outros conteúdos distribuídos via browser em um único arquivo.

◯ Distribuir documentação, manuais e catálogos para leitura *off-line*.

◯ Servir como repositório de conteúdo para a interoperabilidade de conteúdo entre aplicações.

O pacote do ePUB possui as características de um arquivo .zip; portanto, para abrir e estudar os arquivos basta renomear a extensão .epub para .zip.

A especificação ePUB2 é compatível com todos os leitores, dispositivos e sistemas, menos com aqueles que distribuem o ecossistema Amazon/Kindle, que, apesar de pioneiro e também baseado em HTML/CSS, caminha na contramão do mercado, adotando formatos proprietários como .mobi e .azw.

A estrutura do ePUB2

Dentro do fluxo de produção de um livro em formato ePUB, nem todos conhecerão a fundo os detalhes das linguagens e formatos de arquivos, mas uma noção da sua estrutura é fundamental na moderna produção editorial de conteúdo digital.

Ao descompactar um arquivo ePUB (lembre-se de que basta renomear sua extensão para .zip) você encontrará esta estrutura básica:

Figura 3 – Estrutura de arquivos de um livro em formato ePUB

⮕ **Arquivo mimetype:** Arquivo obrigatório, ele permite a identificação do um arquivo ePUB pelos dispositivos, possibilitando assim a sua correta exibição. Seu conteúdo é apenas um texto: `application/epub + zip`.

⮕ **Pasta META-INF:** Esta pasta contém um documento chamado `container.xml` – é ele que permite ao dispositivo leitor localizar a pasta com todos os arquivos que fazem parte do livro.

⮕ **Pasta OEBPS:** *Open eBook Publication Structure* (OEBPS). É aqui que fica todo o conteúdo do livro:

- Os documentos .xhtml com o texto do livro e o conteúdo da capa.

- O arquivo content.opf, que inclui: metadados (título, idioma, ISBN, autor, editor, assunto, descrição, direitos autorais), manifesto (lista com todos os arquivos que compõem o livro) e *spine* (indica a ordem de exibição do conteúdo do livro).

- Pasta com imagens.

- Pasta com fontes.

- Pasta com arquivo estilo.css (formatação visual).

- Arquivo toc.nxc (*TOC – table of contents*/índice navegável).

Adotado pelas maiores editoras e distribuidoras, à exceção daquelas que dependem do modelo Amazon/Kindle, o formato ePUB tem uma forte presença e aceitação no Brasil, com ou sem DRM.

Deixo os exemplos por conta do leitor, que não terá dificuldade nenhuma em experimentar ou adquirir livros no formato ePUB.

A estrutura do ePUB3

Como uma especificação oficial do IDPF (*International Digital Publishing Forum*) desde outubro de 2011, o ePUB3 é o formato padrão para a distribuição de publicações e documentos digitais. Ele padroniza a codificação e o empacotamento de conteúdo web estruturado semanticamente, permitindo a integração de documentos HTML5, CSS, SVG, XML e JavaScript, entre outros, em um formato de arquivo único tal como o ePUB2.

Enquanto a especificação ePUB2 é estruturada a partir de XHTML 1.1 e CSS2, na especificação ePUB temos (X) HTML5 e CSS3, o que abre um novo leque de recursos, entre eles:

Semântica

- O uso dos novos elementos `<section>`, `<footer>`, `<article>`, `<header>` e `<aside>` aproxima o mundo editorial da web, pois são termos de fácil compreensão para autores e editores.

- A construção do TOC (*table of contents*) do livro é marcada pelo elemento `<nav>`, o que faz todo o sentido, pois trata-se de navegar pelo conteúdo através do sumário.

⊃ O atributo epub:type permite múltiplas inflexões semânticas que são associadas a um vocabulário específico (EPUB 3 Structural Semantics Vocabulary[48]).

Apresentação

⊃ Uso dos recursos visuais do CSS3, como efeitos de texto, colunas, transparência e bordas personalizadas.

⊃ Utilização de *Media queries*.

⊃ Layouts dinâmicos horizontais ou verticais.

Multimídia e interatividade

⊃ Uso dos elementos `<audio>` e `<vídeo>`.

⊃ Suporte a `<canvas>` e `<svg>`.

⊃ JavaScript.

⊃ *Media overlays* para sincronização de texto, áudio e vídeo.

⊃ MathML (*Mathematical Markup Language*) para representar fórmulas e símbolos matemáticos.

---

48 EPUB 3 Structural Semantics Vocabulary – http://www.idpf.org/epub/vocab/structure

De acordo com o IDPF, a especificação do ePUB3[49] prevê quatro subespecificações menores que formam o pacote final do formato:

- EPUB Publications 3.0: define os aspectos semânticos e os requisitos de conformidade da especificação.

- EPUB Content Documents 3.0: define as particularidades dos formatos HTML5, SVG e CSS para uso dentro de publicações no formato ePUB.

- EPUB Open Container Format (OCF) 3.0: define o processo de encapsulamento do conteúdo em um arquivo único.

- EPUB Media Overlays 3.0: define formatos e processos para sincronização de texto e áudio.

O conteúdo principal de um livro ePUB3 é um documento de extensão XHTML, mas na prática renderizado como (X)HTML5[50] – uma serialização XML do HTML5 – no qual é permitido usar a sintaxe XML/XHTML para exibir, por exemplo, conteúdo MAthML e SVG.

---

49 ePUB3 – http://idpf.org/epub/30
50 Polyglot Markup: A robust profile of the HTML5 vocabulary – http://dev.w3.org/html5/html-xhtml-author-guide

A seguir, um possível exemplo de estruturação para um pacote ePUB3, muito semelhante ao do ePUB2, tanto no formato dos arquivos que o integram como na hierarquia do conteúdo.

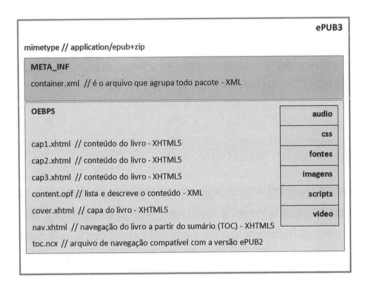

Figura 4 – Possível estrutura de arquivos de um ePUB3

Experimentando o ePUB3

Apple, Kobo e Google são referências no suporte às especificações do formato ePUB3. O próprio IDPF desenvolveu um leitor, o Readium[51], uma aplicação *open source* que

---
51 Readium – http://readium.org

funciona como uma extensão do navegador Chrome. Vários exemplos de ePUB3 estão disponíveis gratuitamente no site https://code.google.com/p/epub-samples.

O formato ePUB3 é um dos frutos da Open Web Platform. Formada por tecnologias, serviços e formatos que orbitam ao redor do HTML5, ela permite soluções que dão uma nova vida ao conteúdo: plasticidade, organicidade, modularidade, interatividade e ubiquidade.

Olhando para o futuro

Toda vez que as instituições e o mercado ficam à mercê de formatos proprietários ou de ecossistemas técnico-comerciais fechados, deixam de olhar para o futuro. Por este motivo, o formato ePUB afirma-se cada dia mais como referência do mercado, por não deixar o leitor preso a uma plataforma ou dispositivo.

Esse é um diferencial fundamental quando caminhamos para a era *post-device*, a era da *internet of things,* uma era onde o dispositivo pouco importa – o que importa é a experiência. Seja no *tablet*, no celular, nos óculos, no relógio, em qualquer aparelho, *gadget* ou acessório do cotidiano.

MOBI, AZW e KF8

MOBI (.mobi) e AZW (.azw) são formatos de arquivo para leitura nos dispositivos Amazon/Kindle; ao primeiro não é possível adicionar proteção, o segundo permite a aplicação de criptografia. Comercialmente falando, o formato .azw é um arquivo .mobi com DRM inserido pela Amazon.

Ao contrário do formato ePUB, cuja estrutura de construção de capítulos poderia ser comparada às páginas de um site (*multi-page*), os formatos MOBI e AZW podem ser construídos tanto desta maneira quanto como um único arquivo de conteúdo, uma única página (*single-page*).

MOBI e AZW têm origem nas pesquisas da empresa francesa MOBIPOCKET, pioneira nos anos 2000 na produção de leitores para dispositivos PDA[52], e são baseados em documentos XML, HTML e CSS. O MOBI é criado a partir de um software gratuito da Amazon, o KindleGen[53], em um processo que também trabalha com um documento .opf, um documento .ncx, documentos .html e imagens.

Para adequar-se aos novos recursos do leitor Kindle Fire, lançado no final de 2011, e para fazer frente ao formato

---

52 PDA – https://pt.wikipedia.org/wiki/Personal_digital_assistant
53 KindleGen – http://goo.gl/3rn9s

ePUB3, a Amazon criou um novo formato de arquivo chamado KF8, que também é criado a partir do KindleGen.

O formato KF8, também conhecido com AZW3, é muito próximo de um ePUB3, mas apresenta uma compilação baseada em banco de dados PALM e criptografia (DRM) Amazon[54].

O formato MOBI aparece em modelos de negócios de editoras que não utilizam DRM, como, por exemplo, O'Reily Media[55] e Smashing Magazine[56] – nesses casos, sempre como opção ao lado de ePUB e PDF.

Para se trabalhar com plataforma Kindle (MOBI, AZW e KF8), é indispensável a leitura do *Amazon Kindle Publishing Guidelines*[57], disponível em formato PDF.

---

54 KF8 – http://wiki.mobileread.com/wiki/KF8
55 O'Reilly Media – http://oreilly.com
56 Smashing Magazine – http://www.smashingmagazine.com
57 Amazon Kindle Publishing Guidelines [PDF] – http://goo.gl/SOI85

iBooks

Nota importante: Aqui me refiro ao formato iBooks, de extensão .ibooks, e não ao aplicativo iBooks distribuído pela Apple.

Formato proprietário Apple semelhante a um ePUB, o iBooks é gerado por um programa específico, o iBooks Author, e distribuído exclusivamente pelos dispositivos com iOS, como iPod, iPhone e iPad, e pelos computadores com OS X Mavericks[58]. Sua produção, a partir de uma ferramenta proprietária, facilita a adição de alguns recursos que contribuem para o enriquecimento do conteúdo:

➲ Recursos multimídia.

➲ Recursos 3D.

➲ Recursos de HTML via *widgets*.

➲ Galeria de imagens com interatividade.

➲ Integração com o aplicativo *Keynote* da Apple.

---

58 iBooks – http://goo.gl/7kPcx

Porém, o ecossistema para sua produção e distribuição é engessado pelas exigências da Apple:

- Compatível apenas com dispositivos Apple.
- Comercialização exclusiva pela iBookStore.
- A produção e o envio dos arquivos exigem uma máquina com plataforma Mac.

Como diz o Marcelo Duarte, autor do site Page Lab:

iBooks Author: uma bela ilha no meio do oceano[59]

---

[59] iBooks Author: uma bela ilha no meio do oceano – http://goo.gl/xtr0D

Aplicativos

Há tempos tenho ouvido o neologismo "BAPP" (*book-app*, livro aplicativo ou *enhanced book*) para se referir a livros embutidos em aplicativos. Não vejo por que o alarde em torno deste nome, que, aliás, parece que não vingou no mercado (o nome, não a ideia).

O livro digital é um software – aliás, todo o mundo digital é um software!

Um software ou um aplicativo pode extrair do sistema para o qual ele foi desenvolvido uma série de recursos extras que amplificam seu poder de comunicação.

Imagine, por exemplo, um aplicativo de captura e compartilhamento de imagens como o Instagram. Ele não precisa ter recursos próprios de configuração de foco e zoom; ele usa os do sistema onde foi instalado: iOS, Android...

Quando falamos em aplicativos, o primeiro pensamento que ocorre é a questão da escolha de um sistema, pois, se no atual cenário iOS e Android respondem pela maior parte do mercado de *tablets* e *smartphones*, para o futuro é arriscado fazer qualquer previsão neste segmento.

Aplicativo ou ePUB3?

Você e sua editora precisam mesmo de um aplicativo para um livro? O formato ePUB3 e as aplicações HTML5 podem ser a resposta:

1. **O suporte ao formato ePUB3 pelos dispositivos.** O formato ePUB3 já absorve grande parte das funcionalidades antes restritas aos sistemas operacionais, como recursos de multimídia e interatividade. Muitas editoras que, em um primeiro momento optaram pela construção de aplicativos, hoje começam a rever suas estratégias em função da iminente popularização do ePUB3.

2. **Aplicações HTML5: o browser como sistema.** Independentemente do sistema operacional, o HTML5 trouxe para o browser (navegador) todo o poder das APIs, que são pequenos programas que acrescentam inúmeros recursos que antes também dependiam do sistema operacional: geolocalização, controles de áudio e vídeo, ações do tipo "arrastar e soltar" e muitas outras.

Complexos produtos baseados em *games* ou em realidade aumentada ainda justificam, enquanto escrevo este livro, a opção por aplicações nativas dos sistemas (aplicativos) para a distribuição de livros. Digo "ainda" porque a Open Web Platform começa a trazer respostas para muitas dessas demandas.

O mercado de livros infantis e o de produtos didáticos são sempre pródigos em livros-aplicativo que exploram recursos interativos apoiados em estratégias como *storytelling*, *transmedia* e *gamification*, que buscam dar vida própria ao conteúdo e propiciar novas experiências sensoriais ao leitor. Exemplos:

- **Cinderella:** http://nosycrow.com/apps/cinderella
- **Four little corners:** http://www.dadacompany.com/story/four-little-corners-best-interactive-book-app

III

Dispositivos de Leitura

Desktops e notebooks

Foi por onde tudo começou – a partir dos livros em formatos de texto puro, HTML ou PDF. Afinal, antes do advento e da popularização dos pequenos dispositivos, estas eram as máquinas mais portáteis de que dispúnhamos.

Ainda muito usados, principalmente para leitura de material técnico, que é consultado paralelamente a outras atividades, os *desktops* e *notebooks* mostram-se uma boa alternativa para o leitor com a instalação dos aplicativos específicos como Amazon Kindle, Barnes & Noble Nook, Kobo Cultura e Saraiva Digital Reader. Já para a leitura exclusiva do formato PDF, não são necessárias maiores explicações – existem milhares de aplicações, gratuitas ou não, em todos os sistemas operacionais que leem este formato.

Na maior parte desses aplicativos é possível marcar, assinalar e compartilhar trechos de texto, bem como sincronizar a leitura entre outros dispositivos que compartilham da mesma aplicação, por exemplo: entre um aplicativo Kindle no *notebook*, um *e-reader* Kindle e um aplicativo Kindle no *tablet*.

Algumas editoras ou distribuidoras como a Kobo não exigem que o livro seja lido no seu próprio dispositivo, dando mais liberdade para o leitor.

Figura 5 – Livro HTML5 Embarque Imediato no aplicativo Kobo Desktop

Para o formato ePUB, o *Adobe Digital Editions*[60] ou o EPUBReader[61] (extensão para o navegador Firefox) são boas opções.

---

60 Adobe Digital Editions Home – http://goo.gl/CLR6k
61 EPUBReader – http://goo.gl/R3mVc

Figura 6 – Livro HTML5 for Web Designers no Adobe Digital Editions

Tablets e smartphones

Pocket Book, levar o livro na bolsa ou no bolso, ter o livro sempre à mão, livro de cabeceira, ler no parque, ônibus, metrô, portabilidade e mobilidade.

São expressões que fazem todo o sentido quando se trata do livro impresso, mas que aos poucos se mostram realidade também no cenário digital.

Tablets e *smartphones* fazem parte, cada vez mais, do dia a dia das pessoas e passam a ser uma central portátil de comunicação, trabalho, estudo e entretenimento.

Tal como nos *desktops* e *notebooks*, os aplicativos específicos de leitura oferecidos pelas grandes distribuidoras – Amazon, Kobo, Google e outros – estão presentes praticamente em todos os sistemas e plataformas *mobile*. Além disso, cada dispositivo ou sistema operacional pode ter o seu próprio leitor, como o iBooks para dispositivos Apple e Aldiko[62] para Android. A experiência de leitura varia pouco entre os diferentes dispositivos e suas respectivas plataformas.

---

62 Aldiko – http://www.aldiko.com

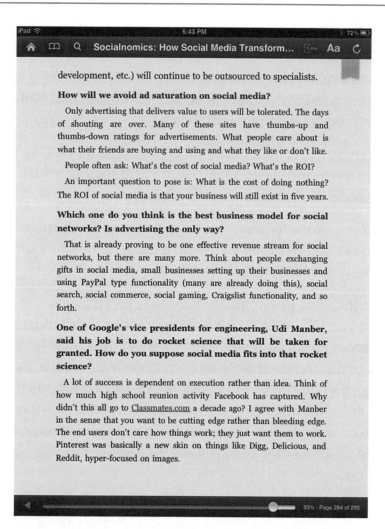

Figura 7 – Livro Socialnomics no aplicativo Kindle para iOS

Estatísticas e quadros mostrando o número de leitores em cada dispositivo, características e vantagens de cada sistema tornam-se obsoletos a cada dia e seria muita pretensão apontá-los de maneira definitiva em um material impresso. Alguns portais de informação podem ajudar – existem inúmeros. Estes são alguns aos quais recorro frequentemente para consulta de modelos e especificações:

➲ **CNET** – http://www.cnet.com (em inglês)

➲ **Gizmodo Brasil** – http://gizmodo.uol.com.br

➲ **Info** – http://info.abril.com.br

➲ **TechTudo** – http://www.techtudo.com.br

E-readers

Como você já viu, qualquer equipamento capaz de exibir um texto em uma tela digital é potencialmente um leitor de livros digitais, mas existem dispositivos específicos para este fim, onde portabilidade, legibilidade e durabilidade da bateria são recursos fundamentais: *e-readers*, leitores de livros digitais, *e-readers* dedicados, leitores dedicados são os nomes mais comuns dados a eles.

Podemos dividi-los em dois grandes grupos: os *e-readers* com telas baseadas em tinta eletrônica e os *e-readers* com telas baseadas em LCD/LED.

Tinta eletrônica

Possuem uma tela baseada em tecnologias de eletroforese[63], daí o nome *e-ink* (*Electrophoretic Ink*), que também é uma marca proprietária da empresa E Ink Corporation[64]. Muito leves, não emitem luz como uma tela LCD, o que permite a leitura mesmo sob luz intensa, mas podem ter um sistema de iluminação auxiliar que facilita a leitura em ambientes escuros. Possuem apelo de emular

---

63 Eletroforese – http://pt.wikipedia.org/wiki/Eletroforese
64 E Ink Corporation – http://eink.com

Dispositivos de Leitura

de maneira bem realista a sensação da leitura em papel e podem ser manipulados através de teclas/botões ou de toque direto na tela (*touchscreen*). A conectividade se dá através de wi-fi e/ou 3G e com cartões de memória – SD Card. Por enquanto só escala de cinza, nada de cor ☹.

Nesta categoria, no Brasil temos alguns modelos da família Kindle[65]:

- Kindle.
- Kindle Paperwhite.
- Kindle Paperwhite 3G.

E alguns da família Kobo[66]:

- Kobo Mini.
- Kobo Touch.
- Kobo Glo.
- Kobo Aura.

---
65 Kindle no Brasil: www.amazon.com.br/kindle
66 Kobo no Brasil: www.livrariacultura.com.br/kobo

Figura 8 – Kobo Touch

LCD/LED

Possuem telas baseadas em LCD (*Liquid Crystal Display*) ou LCD LED (*Light-Emitting Diode*) coloridos, o que os aproxima bastante de um *tablet* padrão. Alguns possuem recursos multimídia avançados e integração com lojas de aplicativos, o que de certa maneira expande o conceito de "leitor dedicado", já que o dispositivo começa a ter múltiplas funcionalidades. Os mais conhecidos são o Kindle Fire HD da Amazon, sucesso lá fora que talvez seja comercializado em breve no Brasil, e o Nook HD da Barnes & Noble, cujo futuro ainda é incerto. Ambos possuem sistemas operacionais derivados do Android.

Novamente aqui cabe o alerta de quão voláteis podem ser todas essas informações. O site CNET, que já citei anteriormente, é uma boa opção para consultar especificações de aparelhos e contém uma seção específica para *e-readers*[67].

O CNET classifica os *e-readers* Kindle HD e Nook HD entre os *tablets*.

A fronteira de classificação entre os *e-readers* e os demais dispositivos aptos para a leitura fica cada dia mais tênue – por que não ler na TV ou nos consoles portáteis de *games*? Com a chegada do papel eletrônico flexível e a proliferação do conceito de *internet of things*, talvez em breve sua geladeira ou sua camiseta se torne um *e--reader*...

---

67 E-Book Readers – http://reviews.cnet.com/e-book-readers

IV

Processos

O conteúdo

Após entender conceitos e possibilidades, editores e editoras precisam transformar o livro digital em um produto economicamente viável e inserido dentro do seu fluxo de trabalho. Neste ponto aparecem as questões relativas a equipes de produção, ferramentas e processos que buscam responder a uma premissa básica de todo mercado consumidor de produtos digital, a ubiquidade:

> Meu conteúdo, para todos, em qualquer dispositivo, em qualquer lugar.

Para atender a essa exigência, só há uma resposta, e ela está na otimização do fluxo de trabalho, na concepção aberta e modular de toda a cadeia produtiva.

Figura 9 – Conteúdo

Processos específicos e fechados para atender a uma única plataforma ou serviço, como, por exemplo, a produção via iBooks Author, podem responder a uma demanda específica de uma corporação ou de uma instituição acadêmica, mas não se sustentam como *modus operandi* padrão para as editoras que pretendem explorar de maneira consistente o gigantesco potencial do conteúdo multiplataforma e universal; porém, na prática nos deparamos com realidades que muitas vezes não nos permitem receber de braços abertos este admirável mundo novo do conteúdo ubíquo.

Temos que tratar do legado impresso e ainda temos que estar atentos a produtos e dispositivos de transição que mesclam características e especificações que dentro em breve poderão ser abandonadas pelo mercado, mas que atualmente cumprem sua função.

Print to digital

Aqui temos um produto já impresso e pronto, que será convertido para um formato digital. Geralmente a partir de um documento PDF ou um arquivo de algum software de editoração como InDesign, QuarkXPress ou ainda do jurássico PageMaker. Suas principais características são ter nascido para ser impresso e ter aproveitado o fluxo do trabalho dos softwares padrão de editoração eletrônica (*Desktop Publishing*).

É muito utilizado para resolver a questão do legado editorial impresso e para produtos que não terão mais novas edições impressas, mas que podem ter uma sobrevida no mundo digital.

Quando baseados apenas em texto, ou com pouco uso de imagens, o processo de conversão é menos traumático, mas mesmo assim deixa um quantidade enorme de pendências que têm que ser revistas quando da entrega do produto final, que será, quase sempre, um ePUB ou um MOBI.

Sou bastante crítico em relação ao uso de *plug-ins* de conversão ou ferramentas de exportação automática, sejam eles quais forem. Esta opinião é compartilhada pela grande maioria dos profissionais do mercado com os quais converso ou com os quais atuo dentro das editoras.

Muitas vezes este processo é terceirizado em "fábricas de software" localizadas em países como Índia e China, que garantem preços baixos, mas qualidade precária. Por experiência própria, em um processo que acompanhei em uma grande editora, posso dizer que os resultados são insatisfatórios. Para atingir um padrão mínimo de qualidade foram necessárias várias horas de revisão de texto e de código.

Existem alguns cuidados que podem ser tomados para um resultado final satisfatório (dentro do possível) na conversão para e-books. Para se aprofundar neste assunto recomendo a leitura de dois materiais, dentre as inúmeras, mas muitas vezes inconsistentes, bibliografias sobre este tema:

- ⇒ HORIE, Ricardo Minoru. **Arte-finalização e conversão para livros eletrônicos nos formatos ePub, Mobi e PDF.** São Paulo: Bytes & Types, 2011.

- ⇒ CASTRO, Elizabeth. **From InDesign CS 5.5 to EPUB and Kindle.** Kindle Edition.

É um cenário a ser levado em conta em tempos de transição.

Born to be digital

"Nascido para ser digital" é uma alternativa que cresce a cada dia no mercado, na qual o livro:

- Nasce como HTML.
- Possibilita rápido teste de conceito.
- Está pronto tanto para web quanto para e-books e aplicativos
- Possui estrutura semântica sólida.
- Permite distribuição global imediata.
- Pode estabelecer parcerias com fábricas de softwares ou produtoras web.

Renovo e realço aqui o papel protagonista da linguagem HTML neste processo.

Born to be digital: fluxo de trabalho para ePUB

Um fluxo de trabalho para a produção de ePUB se assemelha muito ao da produção de outros conteúdos para web, mas com algumas particularidades. A seguir, alguns pontos importantes:

- Organizar conteúdo editorial do projeto a partir de texto puro, sem formatação (TXT).

- Marcar o HTML respeitando a semântica do conteúdo.

- Inserir imagens.

- Adicionar formatação de estilo CSS.

- Formatar arquivo de capa.

- Descrever e formatar metadados.

- Estruturar sumário/índice.

- Fechar o pacote em um único arquivo ePUB.

- Submeter o arquivo a alguma ferramenta de validação (ePUB Check[68]).

---

68 ePUB Check – https://code.google.com/p/epubcheck

Fluxo de trabalho híbrido ou sistêmico

Este seria em minha opinião o mais interessante, pois o foco não é no processo (impresso ou digital), mas no conteúdo do projeto. O conteúdo é rei! Ele merece ser tratado da melhor forma em todas as situações. Um projeto pensado desta maneira estaria pronto para adequar-se a qualquer demanda do mercado. Suas principais características são:

⮞ Personalização.

⮞ Flexibilidade.

⮞ Modularização.

⮞ Envolvimento de equipes multidisciplinares.

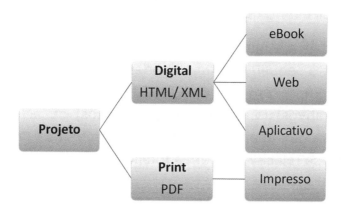

Figura 10 – Fluxo Híbrido

Ferramentas de autoria devem ajudar a libertar o conteúdo, e não engessá-lo a uma plataforma ou tecnologia específica. Se forem abertas e gratuitas, melhor ainda.

Fico com medo de recomendar alguma ferramenta, pois com a velocidade das mudanças neste segmento toda receita é extremamente volátil, mas fica meu endosso para o SIGIL[69] quando o formato ePUB e a estrutura semântica são prioridades.

Independentemente do formato final a ser distribuído, um projeto híbrido ou sistêmico contempla desde a sua gênese os elementos de conteúdo que serão comuns a todos os possíveis formatos. A marcação semântica deste conteúdo é fundamental para que ele se desdobre em múltiplos suportes, dispositivos e plataformas.

A mudança é mais cultural do que tecnológica, e neste contexto pequenas editoras poderiam sair na frente, pois nem sempre têm seu fluxo atrelado a grandes softwares corporativos (muitas vezes gigantescos) ou estruturas verticais de trabalho nas quais departamentos estanques pouco se relacionam com a totalidade do trabalho.

---

69 Sigil – https://code.google.com/p/sigil

Editores, músicos, sociólogos, designers, historiadores, jornalistas, antropólogos, pedagogos, diagramadores, autores, sonhadores, programadores e todos os demais seres humanos e exatos!

Durante algum tempo usamos a chamada acima em um projeto de marketing digital desenvolvido pela equipe da Soyuz Sistemas, chamado de Seofish. O projeto ainda não decolou, mas o conceito continua válido e o adotamos como prática na construção de equipes multidisciplinares colaborativas.

V

Modelos de Negócios

DRM

Este talvez seja um dos pontos mais discutidos quando se fala em modelos de negócios para o livro digital. Aqui também muitos mitos precisam cair por terra.

DRM (*Digital Rights Management* – Gestão de Direitos Digitais) é um mecanismo de controle e proteção que atua de diversas maneiras, mas todas infringem alguma restrição ao conteúdo no qual ele é aplicado.

O mercado editorial vive o seu período de transição e adaptação para novas práticas, assim como já viveram a fotografia e a música. Neste período, velhas e novas práticas convivem – e na minha visão o DRM faz parte das velhas práticas, das práticas que ignoram as novas regras da sociedade digital.

Mais do que uma decisão ideológica, a adoção ou não de mecanismos de DRM passa por questões mercadológicas. Não quero e nem posso ditar regras para a enorme diversidade de produtos e serviços que compõem o mercado editorial, mas certamente em muitas situações a adoção do DRM nos dias de hoje é uma estratégia equivocada.

Ouço editores acusando a Amazon ou a Apple pelos altos custos da distribuição, mas parte desses custos poderia ser revista caso suas editoras optassem por modelos de negócios onde o DRM não fizesse parte da estratégia.

O seu conteúdo é relevante e de qualidade? O autor ou a editora conseguem estabelecer uma relação direta com o leitor? Seus custos e preços são competitivos? Essas são as perguntas que deveriam vir antes dos questionamentos sobre DRM.

Fica aqui uma semente, um convite à reflexão, sem radicalismos, extremismos ou fundamentalismos ideológicos.

Distribuição de e-books na era pós-Kindle

por Greg Bateman, a convite do autor

Greg Bateman dedicou sua carreira ao desenvolvimento de tecnologias para e-books. Famoso pelo pioneirismo no desenvolvimento de produtos, integrou a equipe que desenvolveu os *smartphones* da Samsung e o Kindle.

Chegando ao Brasil, em 2012, Bateman fundou a Hondana, uma *startup* com bastante prestígio na produção de e-books, e produziu centenas de livros educacionais por semana com uma plataforma em nuvem de sua propriedade.

Bateman foi pesquisador visitante na Universidade de Tóquio, é formado pela Universidade da Califórnia em Engenharia Elétrica, Ciência da Computação e Literatura Japonesa e também possui um MBA pela Columbia Business School.

Ingrediente secreto Kindle

Na época do lançamento do Kindle, inúmeras companhias de eletrônicos, inclusive a poderosa Sony, já tinham produzido *e-readers* de todas as formas e cores.

Apesar do óbvio, de ter que trazer a palavra impressa para o século XXI, esses aparelhos não tinham ganhado força no mercado. A Amazon tomou um caminho diferente, voltado para o usuário, um caminho com o Kindle, em 2008. Eles integraram o sistema patenteado de compra com *one-click* com um sistema de entrega 3G (*WhisperSync*), para que os leitores pudessem comprar e adicionar novos conteúdos às suas bibliotecas portáteis a partir de qualquer lugar do mundo.

O ingrediente secreto da Amazon não era referente ao hardware do aparelho, e sim ao seu mecanismo de distribuição digital comercial.

O Kindle provocou um incêndio! Em 2012, e-books já tinham atingido uma fatia de 25% de todos os livros, e *e-stores* foram surgindo por todo o mundo e em praticamente todas os idiomas. Leitores ávidos, de vários assuntos, de romances a autoajuda e biografias, estavam lendo mais do que nunca, graças às facilidades de compra e consumo.

Surpreendentemente, em muitos casos, o consumidor padrão de e-books não era o típico entusiasta da tecnologia (homem, por volta do fim dos vinte e começo dos trinta anos), e sim uma parcela mais velha, preferencialmente mulheres.

Além de cinquenta tons de cinza

Se concordarmos que a leitura digital é realmente uma revolução, vender livros é apenas a ponta do *iceberg*.

Livros de referência em Medicina, Engenharia e Direito, livros didáticos para crianças e adolescentes em idade escolar, guias de estudo e livros profissionais para estudantes de faculdade e pós-graduação. Esse tipo de "conteúdo-livro" didático e de referência (LDR), ainda tem que ser digitalizado em larga escala.

Uma *e-book store* baseada no sistema simples de distribuição não é suficiente para esta área. Editoras comerciais podem estar dispostas a desistir da margem de 50% em troca de um marketing de serviços e a aquisição de novos clientes que uma loja como a Kindle ou a Apple Store traz.

Porém, nos casos das editoras de livros didáticos, elas já possuem um público fiel em sua rede de negócios, composto principalmente por escolas, professores e clientes de diversas profissões. Não faz sentido desistir de 50% por simples complementos digitais.

De fato, a distribuição atualizada e direta ao consumidor se torna crítica, uma vez que o conteúdo profissional pode rapidamente se tornar ultrapassado, e o conteúdo didático pode se tornar obsoleto.

Valor agregado da distribuição

Vamos dar uma olhada nas inovações que os mecanismos de distribuição podem trazer para o conteúdo dos LDRs. Além da entrega direta, venda casada promocional, elementos interativos e interatividade social, podem trazer um enorme valor para os leitores e, de fato, exigem um alto preço para a editora.

Assinaturas – O modelo tradicional de um conteúdo enxuto não funciona com os LDRs. Estudantes podem precisar de uma referência cruzada entre um livro de Física e um de Engenharia. Um professor pode oferecer uma bibliografia de vinte livros ao longo do seu curso de

Economia. Médicos podem querer uma segunda opinião referente a dois ou três guias de medicamentos antes de oferecer uma prescrição. É evidente que nenhum desses grupos teria recursos financeiros para comprar todos esses livros, mas eles podem estar dispostos a pagar muito mais do que o preço de capa por um único livro, desde que dê acesso mensal a uma biblioteca inteira – um "Netflix para e-books".

Microroyalties – Imagine um sistema onde autores e editoras fossem recompensados apenas por colocar seus livros em uma biblioteca virtual. Além disso, uma segunda recompensa baseada no número de vezes que o livro é acessado. Um modelo como esse, parecido com o serviço de música *online* Spotify, funcionaria muito bem com os LDRs.

Sistema de nuvem – Para manter uma vasta biblioteca atualizada, o sistema de distribuição pós-Kindle vai depender, em grande parte, de um armazenamento em nuvem, sempre mantendo-se a última versão disponível para download. Além de serem uma estante de livros virtual, dispositivos de leitura, como *tablets* e PCs, seriam mais como uma mochila virtual que armazena conteúdos em cache para acesso rápido.

Interatividade social – Enquanto o conceito de "leitura social" ainda precisa tomar o domínio dos livros comerciais, certamente existe um caso sólido no domínio do conteúdo dos LDRs. A sabedoria popular adiciona metadados para que certas seções dos livros possam melhorar a habilidade de explorar. Professores e estudantes podem estar na mesma página, discutindo importantes e difíceis tópicos.

Recursos verticais – Um *quiz* de múltipla escolha ou um teste com *flash cards* não fazem muito sentido para um guia de medicamentos. Mas um *widget* para contraindicações certamente faz. Em vez de competir de perto com lindas capas e layouts extravagantes, editoras de LDRs estarão aptas a diferenciar-se pela capacidade de engrandecer, e muito, os seus livros.

Independência do dispositivo – Profissionais e estudantes acessando suas bibliotecas virtuais precisarão de várias telas, possivelmente ao mesmo tempo – desde os seus antigos computadores do laboratório de informática da escola até o mais moderno *smartphone*, usando um sistema operacional que ainda não foi anunciado.

Quem vai arquitetar essas plataformas? As editoras, elas mesmas, são motivadas pelo controle do fluxo de conteúdo. Mas o desenvolvimento de um sistema de distribuição pós-Kindle vai além da sua *expertise* em produção de conteúdo. Varejistas, das lojas físicas e virtuais, estarão atraídos pela oportunidade, mas o seu marketing de focar no consumidor final não traz muitos benefícios e eles precisariam iniciar um novo modelo de negócios.

Startups independentes projetadas para atender a necessidades específicas de cada conteúdo são o tiro mais certeiro. Em breve, veremos quais inovações uma revolução nos e-books em uma era pós-Kindle nos trarão.

O pequeno grande mundo digital

por Guilherme Kroll, a convite do autor

Guilherme Kroll é formado em Comunicação Social com Habilitação em Editoração pela ECA-USP, trabalhou e prestou serviço para várias editoras, foi fundador do site Homem Nerd, já colaborou com os sites Universo HQ, Impulso HQ e Pipoca e Nanquim. É sócio e *publisher* da editora Balão Editorial, fundada em 2010, ao lado de Natália Tudrey e Flávia Yacubian.

Com pouquíssimo capital e com uma rede de contatos a princípio bastante limitada, inauguramos a Balão Editorial com o livro de tiras em quadrinhos "Hector & Afonso – Os passarinhos", um trabalho do artista Estevão Ribeiro, que as publicava em seu *blog* na internet.

Dadas as dificuldades financeiras, viabilizamos o livro por meio de uma edição superbarata, em um formato no qual o volume tinha exatamente o tamanho de uma tirinha (5,5 x 15 cm, 136 páginas). Dentro das nossas expectativas, a obra foi um sucesso e abriu caminho para a nossa editora, que já conta com mais de quinze livros no catálogo.

Ainda no nosso primeiro ano, fomos abordados pela distribuidora digital Xeriph[70], propondo que vertêssemos nossos livros para e-books e os distribuíssemos com eles. Por estímulo da distribuidora, colocamos arquivos em PDF para venda e passamos a converter os títulos para ePUB.

O primeiro livro que convertemos não poderia ser outro senão "Hector & Afonso – Os passarinhos"[71]. Ainda tateando, lançamos o ePUB em 2011 e encontramos muita dificuldade em vendê-lo por uma série de fatores.

Apesar da competente distribuição da Xeriph para muitas lojas digitais, por diversas questões não estávamos em grandes livrarias internacionais e, mesmo se estivéssemos, a quantidade de *tablets* e leitores dedicados no Brasil em 2011 era irrelevante para representar grandes vendas.

Com ajuda da Xeriph, partimos para divulgação e marketing dos nossos e-books e esbarramos em questões técnicas, como arquivos que não funcionavam perfeitamente em alguns dispositivos, que ficavam muito pesados, que não vendiam por ficarem muitos caros etc.

---

70 Xeriph – https://xeriph.com.br
71 http://www.balaoeditorial.com.br/hector-e-afonso-os-passarinhos.html

Modelos de Negócios

É importante salientar que, assim como em "Hector & Afonso – Os passarinhos", a maioria dos nossos livros é de autores novatos que despontaram na internet e, por isso, muito do conteúdo deles está disponível *on-line*.

Diante de todo esse cenário, decidimos que nossos livros digitais seguiriam algumas regras: deveriam ser acessíveis, tanto em relação ao preço quanto ao funcionamento em diferentes dispositivos, deveriam ter qualidade de uma boa edição e, principalmente, algum atrativo extra para que os leitores quisessem comprá-los.

Então, passamos a aplicar preços que são pelo menos 50% menores que os das versões impressas, tentamos rever qualquer tipo de erro ou *bug* periodicamente nos arquivos e passamos a incluir conteúdos extras e exclusivos nas versões digitais, como novas histórias, novas imagens, artigos etc.

A partir da nossa experiência e da nossa visão, tiramos algumas conclusões sobre modelos de negócios para novas editoras no mundo digital: um livro eletrônico funciona quando tem preço justo, seu marketing é bem feito e a qualidade do arquivo condiz com o que o leitor espera.

Não adianta um bom plano de marketing se o produto não funcionar em algum dispositivo. Quando lançamos o ePUB de "Hector & Afonso – Os passarinhos", fizemos um grande alarde, mas, naquela época, alguns *tablets* não tinham uma taxa de transferência muito grande e diversos leitores não conseguiam baixar o arquivo do livro – formado só por imagens em alta resolução –, pois o download travava. Tivemos muitos estornos até equacionar um formato em que a imagem fosse pequena e boa o bastante para viabilizar o livro.

Em alguns casos, as editoras podem considerar fugir do sistema de distribuição por DRM e procurar outros modelos para obter preços melhores. Em outros, é possível colocar o livro para download gratuito e pedir uma doação proporcional a quanto o leitor acha que vale.

Há ainda situações nas quais apenas colocar o livro grátis já representa um aumento das suas vendas tanto no impresso quanto no digital.

Fora do Brasil, a empresa Humble Bundle[72] teve muito sucesso vendendo *games* independentes por um modelo no qual o jogador paga o quanto acha que vale, a partir de 0,01 dólar. Valores que ultrapassam certa quantia, calculada em cima da média do que está sendo pago, libe-

---
72 Humble Bundle – http://www.humblebundle.com

ram extras, como, por exemplo, fases a mais ou mesmo novos jogos. Uma parte do que é pago vai para os desenvolvedores, outra para a empresa distribuidora e uma terceira parte vai para caridade. Quem escolhe quanto vai para cada um é o comprador.

Apesar do mundo dos *games* ser bem diferente do editorial, a empresa tentou fazer o mesmo vendendo livros que tivessem apelo para o público *gamer*, com temas de fantasia, *sci-fi* ou ligados de algumas maneira ao mundo da tecnologia. Todos os livros eram vendidos sem DRM e podiam ser copiados à vontade. Valores pagos acima da média liberavam mais livros. O resultado não poderia ter sido melhor, com grande arrecadação financeira, e a empresa voltou à carga recentemente com ainda mais publicações.

Os valores levantados mostraram que muitas vezes vender sem DRM pode ser melhor quando se tem um público disposto a pagar por conteúdos que o interessam.

Na Balão Editorial, fizemos uma experiência de distribuir um livro sem DRM. Durante as manifestações de junho de 2013 disponibilizamos gratuitamente para download o livro "Como na Quinta Série"[73], de DW Ribatski, uma HQ sobre violência policial: foram cerca de quatro mil

---

73 http://www.balaoeditorial.com.br/como-na-quinta-serie.html

downloads em quase três semanas, número superior do total de exemplares distribuídos, tanto impressos quanto digitais.

Rapidamente, as vendas do livro dispararam e várias livrarias especializadas nos fizeram pedidos. Não temos dados para afirmar consistentemente se há de fato uma ligação direta entre os downloads e o aumento das vendas, porém tudo leva a crer que estão diretamente ligados sim. E sem passar pela chatice do DRM.

O DRM não é, por si só, um vilão, mas um mecanismo para as vendas de e-books. A meu ver, não é o melhor, pois não leva em consideração uma série de fatores, como a cultura digital que passa pelo compartilhamento.

Por isso, meu palpite para o êxito no mercado digital é: ofereça qualidade, facilidade e possibilidade. Ofereça um produto de qualidade por meio da divulgação e do marketing e facilite a vida do leitor, deixando o conteúdo acessível para qualquer plataforma e pelo menor preço possível, permitindo que esse livro seja compartilhado e discutido.

VI

O Livro na Open Web

Está surgindo uma nova era, e poucos ainda se manifestaram sobre ela. É a Era da Plataforma Aberta da Web. Mais do que o rótulo de HTML5, as tecnologias ligadas à web vão sofrer uma revolução com os novos recursos agregadores de mídias, armazenamento e transmissão de dados. O mecanismo que hoje chamamos de browser vai se tornar a grande máquina virtual, que estará em todos os dispositivos – Clécio Bachini, Diretor da Soyuz[74]

---

[74] Soyuz Sistemas – http://www.soyuz.com.br/

Web semântica e ePUB3

Semântica é o estudo dos significados. Esta é uma maneira correta, porém extremamente simplificada, de definir esta particularidade do estudo dos fenômenos relacionados à linguagem.

O conhecimento é um ser vivo, orgânico e semântico, ele se ramifica em livros, jornais, bibliotecas, centros de pesquisa, empresas, instituições governamentais e na gigantesca arena do conteúdo gerado pelo usuário que são as redes sociais.

Este universo de especificidades e peculiaridades intrínsecas a cada um desses segmentos requer um amplo portfólio de vocabulários para padronizar as inter-relações de seus dados. Não vamos detalhar este assunto, mas fica a referência para quem quiser ou precisar se aprofundar nesta área. Os dois principais vocabulários recomendados como padrão pelo W3C são:

⮕ RDF e RDF *Schemas*[75]

⮕ *Web Ontology Language* (OWL)[76]

---

75 RDF e RDF Schemas – http://goo.gl/606Pg
76 Web Ontology Language (OWL) – http://goo.gl/HQX1U

O IDPF também mantém um vocabulário, o *EPUB 3 Structural Semantics Vocabulary*[77], como parte integrante da especificação do formato do ePUB3 que define um conjunto de propriedades relacionadas com a descrição da semântica estrutural dos elementos de publicações no formato livro, como capa, título, subtítulo, sumário, prefácio, capítulo, rodapé e suas relações com os elementos do HTML. Veja um exemplo:

ePUB3	HTML
noteref	a
Uma referência a uma nota, geralmente aparece como um símbolo sobrescrito no corpo principal do texto.	Representa um *hyperlink* (uma âncora de hipertexto) marcado pelo seu conteúdo.

Esse vocabulário, a princípio assustador para o não iniciado permite ao editor trabalhar em parceria com o desenvolvedor e/ou diagramador – aliás, esta competência dupla é a marca de um novo profissional que começa a ganhar destaque no mercado, aquele que faz a ponte semântica entre a web e o livro.

---

77 EPUB 3 Structural Semantics Vocabulary – http://www.idpf.org/epub/vocab/structure

Collaborative writing e wikibooks

Collaborative writing (escrita colaborativa, em português) é o nome que se dá a projetos cujos textos são produzidos de modo colaborativo, e não de forma individual. Podem ser ou não supervisionados por um editor ou equipe editorial, mas muitos são desenvolvidos sem uma orientação específica[78].

Um exemplo interessante de escrita colaborativa na produção de e-books é a plataforma Wikilivros, na qual qualquer participante da comunidade Wikimedia pode atuar na produção e edição colaborativa de livros, apostilas, manuais e textos didáticos de conteúdo livre. Em português já são mais de 7.250 módulos (estrutura semelhante a capítulos ou tópicos) distribuídos em mais de 450 publicações.

Algumas dessas publicações possuem versões organizadas e compiladas não apenas em HTML, mas também em PDF ou ePUB, o que permite a leitura em vários dispositivos e a possibilidade de inclusão de serviços agregados, como a impressão através de uma ferramenta comercial parceira da Fundação Wikimedia, a PediaPress[79], uma empresa alemã fundada em 2007. Não deixe de conhecer este projeto!

---

78 Escrita colaborativa – http://pt.wikipedia.org/wiki/Escrita_colaborativa
79 PediaPress – http://pediapress.com

O beta perpétuo, a catedral e o bazar

Desapega! Este é um termo que tenho usado em palestras e cursos com editores e diagramadores quando estes questionam o fato de que o livro digital, ao contrário do seu irmão impresso, por não ser um produto padrão, fechado, uniforme e imutável, é uma barreira, um dificultador, um demérito ao trabalho do editor, do diagramador ou do designer.

Se editores e autores trabalharem juntos e conectados à demanda do mercado, verão que existe espaço para impresso e digital caminharem juntos tranquilamente por muito tempo, mas é preciso desapegar de algumas práticas "gutenberguinianas" e de modelos comerciais ultrapassados. O leitor já não se contenta mais com apenas um canal de distribuição; ele quer escolher onde, como e quando acessar o conteúdo, seja papel, web ou dispositivos móveis, em tempo real quando for necessário ou de maneira assíncrona quando for conveniente.

O livro digital não é feito de átomos. Por ser feito de *bits,* ele é fluido e multiforme, o que, ao contrário do que muitos pensam, não limita o projeto, mas potencializa as possibilidades criativas.

Na minha concepção, ainda que pareça utópica, a editora do futuro será uma *startup* de conhecimento, informação e entretenimento produzindo conteúdo multimídia de maneira autoral ou colaborativa. Algumas editoras, como a O'Reilly Media[80] e várias outras, já são portais de serviços editoriais que mesclam web, *e-learning*, livros impressos, e-books e serviços de assinatura de conteúdo. O livro passa a ser um serviço, talvez um novo modelo de negócio para o mercado editorial, mas que a indústria do software já adota há tempos. Podemos chamá-lo de *BaaS – Book as a Service*?

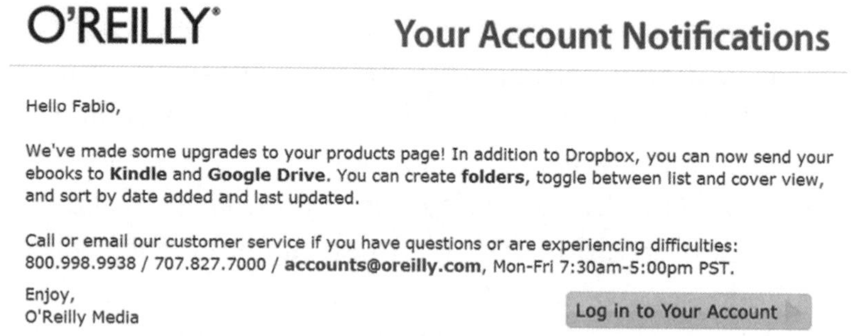

O'REILLY   Your Account Notifications

Hello Fabio,

We've made some upgrades to your products page! In addition to Dropbox, you can now send your ebooks to **Kindle** and **Google Drive**. You can create **folders**, toggle between list and cover view, and sort by date added and last updated.

Call or email our customer service if you have questions or are experiencing difficulties:
800.998.9938 / 707.827.7000 / **accounts@oreilly.com**, Mon-Fri 7:30am-5:00pm PST.

Enjoy,
O'Reilly Media   [Log in to Your Account]

Figura 11 – Serviços da O'Reilly para o leitor

Os produtos impressos sofrem com a velocidade das mudanças, com os ciclos de vida cada vez mais curtos de ideias, ideologias, produtos e tecnologias onde o conceito de *fluid knowledge* (conhecimento fluido) e

---

80 O'Reilly Media – http://oreilly.com

de "beta perpétuo" escapam do mundo dos softwares e influenciam toda a cadeia produtiva baseada na rápida obsolescência de produtos. Não faço aqui um posicionamento ideológico ou político, é uma constatação.

Beta perpétuo ou constante evolução?

Um produto beta ou uma versão beta fazem referência a uma etapa ainda não finalizada, uma etapa de testes que antecede o lançamento definitivo de um projeto. Essa concepção de penúltima versão antes da versão final começa a ser questionada quando empresas de desenvolvimento de softwares adotaram políticas de liberar cada vez mais cedo e com maior frequência as novas versões dos seus produtos, permitindo que o mercado e os usuários forneçam constante *feedback* para o aprimoramento e a correção de possíveis *bugs* do projeto.

Quando o ciclo desses novos lançamentos beta tornou-se cada vez mais curto ele passou a ser chamado de beta perpétuo (*perpetual beta*), ou seja, um produto que está em constante atualização. Do ponto de vista tecnológico é um avanço, pois o usuário passa a se sentir constantemente atendido pelas novas implementações, mas do ponto de vista mercadológico o uso da expressão beta perpétuo pode denotar um produto inacabado, sujeito a erros e riscos, mesmo que isso não seja verdade. Neste caso, a expressão "constante evolução" pode representar um atrativo para o usuário/consumidor que entende que vai desfrutar de um produto ou serviço em constante aperfeiçoamento. Uma questão semântica, mas que faz todo o sentido em termos de marketing.

Neste contexto, um livro digital didático poderia ser um produto que se encaixa perfeitamente neste modelo. Imagine um livro de geografia onde os dados e as tabelas são atualizadas dinamicamente com dados abertos fornecidos pelo IBGE ou pela ONU.

Catedral ou bazar?

> Dado um número de olhos suficiente, todos os erros são triviais.

Esta é tese central do ensaio "A Catedral e o Bazar"[81], de Eric S. Raymond, sobre engenharia de software. Nele, Raymond usa um bazar como metáfora para um projeto com código aberto e disponível para muitos desenvolvedores e para experimentação pública, onde seus erros podem ser facilmente descobertos, enquanto que, usando a

---
81 A catedral e o bazar – http://pt.wikipedia.org/wiki/A_Catedral_e_o_Bazar

catedral como metáfora, o projeto é um código na mão de um número limitado de desenvolvedores, disponibilizado para o público apenas em sua versão definitiva do produto, com menos chance de ser testado na prática e com um ciclo de atualizações mais demorado e burocrático.

No mundo editorial, o exemplo clássico de comparação bazar X catedral é o das enciclopédias. Enquanto a *Encyclopaedia Britannica* (Barsa no Brasil) adota o modelo catedral, a Wikipédia é o bazar.

Em março de 2012, foi anunciado que a *Encyclopaedia Britannica* não iria publicar mais versões impressas, apenas as suas versões online[82]. Catedral, conteúdo curado e editado de maneira institucional; ou bazar, conteúdo aberto e colaborativo – o livro digital permite, aceita, anseia e possui demanda para os dois.

Escrever, ler e compartilhar

Em inglês, *Write, read and share* é o mote do WidBook[83], uma plataforma social colaborativa onde autores e leitores podem encontrar a oportunidade de criar, explorar e colaborar com pessoas de todo o mundo o seu melhor conteúdo digital.

---

82 After 244 Years, Encyclopaedia Britannica Stops the Presses – http://goo.gl/4qSbE
83 WidBook – http://www.widbook.com

Social reading

O ato da leitura nem sempre foi silencioso e solitário. A leitura em voz alta, tanto individual quanto pública, foi durante boa parte da antiguidade uma prática cultural que agregava escrita, leitura e escuta.

Em seu livro "Uma História da Leitura"[84], Alberto Manguel cita Plínio (O Jovem), orador e político romano que viveu entre os anos 62 e 114:

> A leitura em público constituía um exercício benéfico. A celebridade era sem dúvida um fator muito importante, mas havia também o prazer de ouvir a própria voz. (...) Na sua concepção, ler em público era a melhor maneira de um autor obter público. Na verdade, a leitura pública era em si mesma uma forma rudimentar de divulgação.

A leitura silenciosa era rara antes do século XII e chegava a causar espanto, como comenta Santo Agostinho (354-430) em suas Confissões[85], referindo-se com estranheza sobre a prática de leitura do Bispo de Milão, Santo Ambrósio (340-397):

> ...era um leitor cuja voz se mantinha em silêncio e a sua língua não se movia (...) muitas vezes, quando

---

84 MANGUEL, Alberto. **Uma história da leitura.** Tradução de Pedro Maia Soares. São Paulo: Companhia das Letras, 1997.
85 AGOSTINHO, Santo. **Confissões.** São Paulo: Nova Cultural, 1987.

o vínhamos visitar, encontrávamo-lo a ler assim, em silêncio, pois nunca lia em voz alta[86]

Faço este pequeno recorte histórico para mostrar, em primeiro lugar a mim mesmo, como os contextos cultural, religioso, social e tecnológico foram e são mediadores das práticas de leitura.

Os dispositivos móveis colocaram em xeque nosso comportamento frente a várias práticas, incluída a da leitura. Muitos hoje questionam, outros supervalorizam, a "geração curte e compartilha", mas provavelmente daqui a alguns anos vamos dar risada de nós mesmos, dizendo:

– Lembra quando a gente postava fotos de xícaras de café no Instagram?[87]

A autoafirmação narcisista do indivíduo do século XXI e o fácil acesso a dispositivos e ferramentas também permeiam o hábito do leitor contemporâneo onde a prática do "sozinho sim, mas solitário nunca" é viabilizada por inúmeros recursos de compartilhamento e "gamificação" durante o "silencioso" processo de leitura.

Quase todos os aplicativos e dispositivos de leitura digital possuem funcionalidades que facilitam o comparti-

---

86 Leitura silenciosa/em voz alta – http://goo.gl/DbfSF
87 http://goo.gl/YKE1M

lhamento em tempo real ou de maneira assíncrona. Para alguns pode ser apenas uma diversão ou modismo, mas para outros pode também ser um processo colaborativo de estudo e pesquisa.

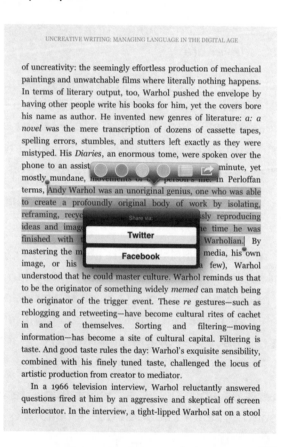

Figura 12 – Opções de compartilhamento Twitter e Facebook do aplicativo Kindle para iOS

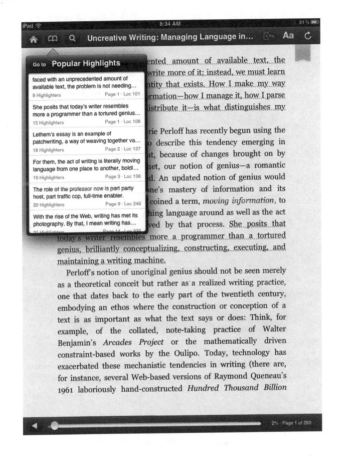

Figura 13 – Aplicativo Kindle para iOS mostrando trechos que outros leitores marcaram

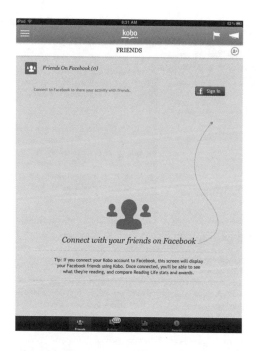

Figura 14 – Aplicativo Kobo para iOS mostrando tela
para configurar a integração com Facebook

Encarar a leitura como uma atividade lúdica e explorar os recursos sociais do *booktainment* (livro + entretenimento) através de estratégias de "gamificação" com *badges & awards* (medalhas e prêmios) aparecem nos aplicativos de leitura Kobo em um serviço chamado *Reading Life*:

Figura 15 – Tela do Reading Life no aplicativo Kobo para iOS.

Como os recursos de compartilhamento oferecidos pelas novas plataformas impactam na leitura? Acho ainda cedo para analisar. Durante muito tempo acreditei que o "o que você lê" fosse um dos principais parâmetros do ato da leitura em todos os seus contextos. Hoje o "em que dispositivo você lê" e "com quem você lê" passam a ser novos indicadores. Espero que esses novos paradigmas facilitem a inclusão de novos leitores e despertem iniciativas colaborativas, mas que não sejam apenas mais um divisor de castas de leitores, julgados pelo uso ou não de tecnologias, *gadgets* e serviços.

Apesar de ser um ingênuo otimista do mundo da tecnologia, lembro-me sempre do ditado latino *Abundans cautela non nocet*, ou, como diziam nossos avós, cautela e canja de galinha não fazem mal a ninguém.

Uma boa dica para engajar-se na leitura social, independentemente de dispositivos e de formatos (impressos ou digitais), é o Goodreads[88]. Lançado em janeiro de 2007, o Goodreads está entre os maiores e melhores (em minha opinião) sites de recomendações de livros. Nele você pode marcar os livros que leu ou está lendo, pode ver quais livros seus amigos estão lendo e receber recomendações personalizadas de livros, entre muitas outras funcionalidades.

---

88 http://www.goodreads.com

O futuro ao leitor pertence

A cultura do *mashup* e do *remix*, abundante no universo da música e do vídeo, ganha força quando o livro encontra a web acrescentando vivências multilineares e multiformais em novas concepções de escrita e leitura, pasteurizando, homogeneizando e agregando conteúdos.

É a fronteira final do livro como hipertexto puro, como associação livre de ideias geradoras de experiências e construtoras do conhecimento.

Esses novos formatos híbridos, e talvez para a nossa geração disformes, poderão ser indexados e compilados não só por editores reais, mas por algoritmos editores.

Parece ficção científica distante, mas lembre-se de que os anúncios que vemos em nossas redes sociais são editados e selecionados por algoritmos. A sugestão de leitura que recebemos da Amazon ou da Livraria Cultura é organizada por um algoritmo a partir das informações que fornecermos para o sistema. Quanto de inteligência falta ao algoritmo para que ele escreva ou leia para nós?

J. C. R. Licklider, físico, matemático e psicólogo norte-americano, escreveu em 1960 sobre a simbiose entre o homem e o computador:

...em pouco tempo, os cérebros humanos e os computadores estarão interligados, e o resultado disso é que pensaremos como jamais pensamos e as máquinas processarão dados como nunca o fizeram....[89]

O estreitamento da cooperação homem-computador abre um panorama criativo de novas possibilidades. Software, hardware e homem estão se tornando um elemento único que se integra na busca de novas descobertas, sem se preocupar se elas são arte ou tecnologia.

Veja o que aconteceu com a pintura: durante milênios ela foi a arte da representação visual que buscava a verossimilhança imagética entre signo, significante e significado, que buscava a tradução e o registro fiel do mundo através da imagem. A partir da metade do século XIX, com a descoberta de processos químico-mecânicos de captura de imagens, ou seja, da fotografia, a pintura começa a traçar seus próprios rumos. Não quero desmerecer aqui os aspectos culturais, sociais e ideológicos, mas o aspecto tecnológico (a invenção da fotografia) foi fundamental para a pintura expandir seus horizontes para muito além do realismo e do figurativismo.

---

89 Man-Computer Symbiosis [PDF] - http://goo.gl/CR8gP

Em seu livro "Uncreative writing: managing language in the digital age"[90], Kenneth Goldsmith faz esta interessante comparação, em tradução livre:

> Com o surgimento da web, a escrita encontrou a sua "fotografia". Explico: encontrou uma situação semelhante à que aconteceu com a pintura em relação à fotografia. Uma tecnologia mais bem adaptada para representar a realidade, e a pintura, para sobreviver, teve que alterar o seu curso radicalmente.

À noção de relevância da escrita que hoje temos, baseada em sensibilidade, criatividade e originalidade, começam a ser incorporados conceitos de interatividade, manipulação e coautoria, típicos da geração web, da geração *mashup!*

Code is poetry

Code is poetry (código é poesia). Assim está escrito no rodapé do WordPress[91], uma das mais populares plataformas de CMS (*Content Management System* – Sistema de Gerenciamento de Conteúdo) da web. Mais do que

---

90 GOLDSMITH, Kenneth. **Uncreative Writing:** Managing Language in the Digital Age. Columbia University Press. Kindle Edition.
91 WordPress – http://wordpress.org

um brincadeira semântica, é uma nova maneira de olhar para um mundo regido por algoritmos.

No mundo digital, toda informação, seja ela gráfica, textual ou sonora, é baseada em instruções de texto, em um código. Este texto "por baixo" do que vemos ou ouvimos tem feito sentido apenas para as máquinas capazes de interpretar instruções em código binário, mas a evolução semântica das linguagens de marcação permite agora que este conteúdo receba cada vez mais marcações inteligíveis para nós, humanos. Esta parceria "homem & máquina" na construção e decodificação dos significados humaniza nossa relação com os algoritmos.

Todo este universo extrapola dispositivos e sistemas, é fluido! Amazon[92], Kobo[93] e outras grandes distribuidoras já possuem os seus próprios *cloud readers*.

Acredito que nuvem será o grande repositório universal de mídia e conhecimento. Você pode ainda não ter se dado conta, mas já está na nuvem, lendo seus e-mails, ouvindo suas músicas, assistido seus filmes e lendo seus livros, com a ajuda dos algoritmos.

---

92 Kindle Cloud Reader – https://read.amazon.com
93 Kobo Instant Reader – http://read.kobobooks.com

O mundo digital é um texto infinito, pronto para ser editado, curado e compilado. São experiências, vivências e compartilhamento de *bits* alterando a maneira pela qual nós criamos, trabalhamos, lemos e escrevemos.

> As únicas pessoas realmente necessárias no processo editorial são o escritor e o leitor – Russell Grandinetti, Amazon

O futuro ao leitor pertence...

Bibliografia

AGOSTINHO, Santo. **Confissões.** São Paulo: Nova Cultural, 1987.

CASTRO, Elizabeth. **From InDesign CS 5.5 to EPUB and Kindle.** Kindle Edition.

CUSIN, Cesar; BACHINI, Clécio; FLATSCHART, Fábio. **Open Web Platform.** Rio de Janeiro: Brasport, 2013.

FLATSCHART, Fábio. **HTML5:** Embarque Imediato. Rio de Janeiro: Brasport, 2011.

HORIE, Ricardo Minoru. **Arte-finalização e conversão para livros eletrônicos nos formatos ePub, Mobi e PDF.** São Paulo: Bytes & Types, 2011.

KEEN, Andrew. **O culto do amador:** como blogs, MySpace, YouTube e a palavra digital estão destruindo nossa economia, cultura e valores. Rio de Janeiro: Zahar, 2009.

MACEDO, Walmirio. **O livro da semântica:** estudo dos signos linguísticos. Rio de Janeiro: Lexikon, 2012.

MANGUEL, Alberto. **Uma história da leitura.** São Paulo: Companhia das Letras, 1997.

SALVETTE, Paul. **The eBook Design and Development Guide Bangkok:** BB eBooks, 2012. Kindle Edition.

SAYLOR, Michael J. **The Mobile Wave:** How Mobile Intelligence Will Change Everything. Perseus Books/Vanguard Press, 2012.

SUAREZ, Michael Felix; WOUDHUYSEN, H. R. **The Oxford Companion to the Book.** Oxford: Oxford University Press, 2010.

SUROWIECKI, James. **A Sabedoria das Multidões.** São Paulo: Record, 2006.

Créditos das Imagens

Figura 1 – Ilustração da edição de abril de 1935 da revista Everyday science and mechanics

History, Travel, Arts, Science, People, Places | Smithsonian Magazin: http://blogs.smithsonianmag.com/paleofuture/2012/03/the-ipad-of-1935

Figura 2 – Amazon Kindle Keyboard (2010)

http://commons.wikimedia.org/wiki/File:Amazon_Kindle_3.JPG by NotFromUtrecht

Creative Commons Attribution-Share Alike 3.0 Unported license.

Figura 3 – Estrutura de arquivos de um livro em formato ePUB – Material do autor

Figura 4 – Possível estrutura de arquivos de um ePUB3 – Material do autor

Figura 5 – Livro HTML5 Embarque Imediato no aplicativo Kobo Desktop – Material do autor

Figura 6 – Livro HTML5 for Web Designers no Adobe Digital Editions – Material do autor

Figura 7 – Livro Socialnomics no aplicativo Kindle para iOS – Material do autor

Figura 8 – Kobo Touch

http://commons.wikimedia.org/wiki/File:Kobo_ereader_touch_black_front.JPG by Honza Chodec

Creative Commons Attribution-Share Alike 3.0 Unported license.

Figura 9 – Conteúdo – Material do autor

Figura 10 – Fluxo Híbrido – Material do autor

Figura 11 – Serviços da O'Reilly para o leitor – Material do autor

Figura 12 – Opções de compartilhamento Twitter e Facebook do aplicativo Kindle para iOS – Material do autor

CRÉDITOS DAS IMAGENS

Figura 13 – Aplicativo Kindle para iOS mostrando trechos que outros leitores marcaram – Material do autor

Figura 14 – Aplicativo Kobo para iOS mostrando tela para configurar a integração com Facebook – Material do autor

Figura 15 – Tela do Reading Life no aplicativo Kobo para iOS – Material do autor

Esta obra foi produzida nas
oficinas da Imos Gráfica e Editora na
cidade do Rio de Janeiro